초등

어휘가
문해력
이다

초등 2학년 2학기

교과서 어휘 완성

교과서 내용을 이해하지 못하는 우리 아이?
평생을 살아가는 힘, '문해력'을 키워 주세요!

'어휘가 문해력이다'
어휘 학습으로 문해력 키우기

1 교과서 학습 진도에 따라
교과별(국어/계절·인물·물건·기억/수학)·학기별(1학기/2학기)로 어휘 학습이 가능합니다.

교과 학습을 위한 필수 개념어를 단원별로 선별하여 단원의 핵심 내용을 이해하도록 구성하였습니다.
교과 학습 전 예습 교재로, 교과 학습 후 복습 교재로 활용할 수 있도록 필수 개념어를 엄선하여 수록
하였습니다.

2 교과 어휘를 학년별 2권, 한 학기별 4주 학습으로
단기간에 어휘 학습이 가능합니다.

한 학기에 250여 개의 낱말을 공부할 수 있습니다.
쉬운 뜻풀이와 교과서 내용을 담은 다양한 예문을 수록하여 학교 공부에 직접적으로 도움을 주고자
하였습니다.
해당 학기에 학습해야 할 중요 낱말을 모두 모아 한 번에 살펴볼 수 있고, 국어사전에서 낱말을 찾는
시간과 노력을 줄일 수 있습니다.

3 맞춤법, 표준 발음, 비슷한말, 반대말, 한자 어휘 학습까지 가능합니다.

글을 읽고 쓰는 데 도움이 되는 어법과 맞춤법으로 받아쓰기 능력을 강화할 수 있도록 구성하였습니다.
초등 급수 한자(7~8급) 어휘를 통해 한자 어휘 학습까지 놓치지 않도록 구성하였습니다.

4 확인 문제와 주간 어휘력 테스트를 통해 학습한 어휘를 점검할 수 있습니다.

뜻풀이와 예문을 통해 학습한 어휘를 교과 어휘별로 바로바로 점검할 수 있도록 다양한 유형의 확인
문제를 수록하였습니다.
한 주 동안 학습한 어휘를 종합적으로 점검할 수 있는 주간 어휘력 테스트를 수록하였습니다.

5 효율적인 교재 구성으로 자기 주도 학습 및 가정 학습이 가능합니다.

학습한 어휘를 해당 교재에서 쉽게 찾아볼 수 있도록 과목별로 '찾아보기' 코너를 구성하였습니다.
'정답과 해설'은 자세한 해설을 실어 스스로 공부할 수 있도록 하였습니다.

EBS 〈당신의 문해력〉 교재 시리즈는 약속합니다.

교과서를 잘 읽고 더 나아가 많은 책과 온갖 글을 읽는 능력을 갖출 수 있도록
문해력을 이루는 핵심 분야별, 학습 단계별 교재를 준비하였습니다.
한 권 5회×4주 학습으로 아이의 공부하는 힘,
평생을 살아가는 힘을 EBS와 함께 키울 수 있습니다.

**어휘가
문해력이다**

어휘 실력이 교과서를 읽고 이해할 수 있는지를 결정하는 척도입니다.
〈어휘가 문해력이다〉는 교과서 진도를 나가기 전에 꼭 예습해야 하는 교재입니다.
20일이면 한 학기 교과서 필수 어휘를 완성할 수 있습니다.
교과서 수록 필수 어휘들을 교과서 진도에 맞춰
날짜별, 과목별로 공부하세요.

**쓰기가
문해력이다**

쓰기는 자기 생각을 표현하는 미래 역량입니다.
서술형, 논술형 평가의 비중은 점점 커지고 있습니다.
객관식과 단답형만으로는 아이들의 생각과 미래를 살펴볼 수 없기 때문입니다.
막막한 쓰기 공부, 이제 단어와 문장부터 하나씩 써 보며 차근차근 학습하는
〈쓰기가 문해력이다〉와 함께 쓰기 지구력을 키워 보세요.

**ERI 독해가
문해력이다**

독해를 잘하려면 체계적이고 객관적인 단계별 공부가 필수입니다.
기계적으로 읽고 문제만 푸는 독해 학습은 체격만 키우고 체력은 미달인 아이를 만듭니다.
〈ERI 독해가 문해력이다〉는 특허받은 독해 지수 산출 프로그램을 적용하여 글의 난이도를
체계화하였습니다.
단어 · 문장 · 배경지식 수준에 따라 설계된 단계별 독해 학습을 시작하세요.

**배경지식이
문해력이다**

배경지식은 문해력의 중요한 뿌리입니다.
하루 두 장, 교과서의 핵심 개념을 글과 재미있는 삽화로 익히고 한눈에 정리할 수 있습니다.
시간이 부족하여 다양한 책을 읽지 못하더라도 교과서의 중요 지식만큼은 놓치지 않도록
〈배경지식이 문해력이다〉로 학습하세요.

**디지털독해가
문해력이다**

디지털독해력은 다양한 디지털 매체 속 정보를 읽어 내는 힘입니다.
아이들이 접하는 디지털 매체는 매일 수많은 정보를 만들어 내기 때문에
디지털 매체의 정보를 판단하는 문해력은 현대 사회의 필수 능력입니다.
〈디지털독해가 문해력이다〉로 교과서 내용을 중심으로 디지털 매체 속 정보를 확인하고
다양한 과제를 해결해 보세요.

이 책의 **구성과 특징**

1

교과서 어휘 국어/계절·인물·물건·기억/수학

교과목·단원별로 교과서 속 중요 어휘와 관련 어휘, 비슷한말, 반대말 등으로 교과 어휘 강화!

한자 어휘

초등 급수 한자(7~8급)로 한자 어휘 강화!

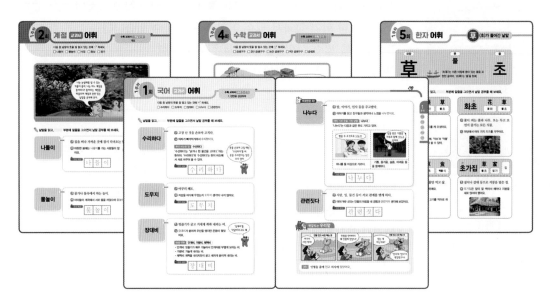

- 교과서 속 핵심 어휘를 엄선하여 뜻과 예문을 이해하기 쉽게 제시했어요.
- 어휘를 이해하는 데 도움이 되는 그림 및 사진 자료를 풍부하게 제시했어요.
- 자주 틀리는 맞춤법, 헷갈리는 우리말을 만화로 재미있게 구성하였어요.
- 한자 어휘를 폭넓게 이해할 수 있도록 같은 한자가 쓰인 낱말을 다양하게 제시했어요.

2

확인 문제

교과서(국어/계절·인물·물건·기억/수학)
어휘, 한자 어휘 학습을 점검할 수 있는
다양한 유형의 확인 문제 수록!

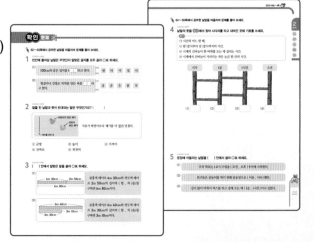

3

어휘력 테스트

한 주 동안 학습한 교과서 어휘,
한자 어휘를 종합적으로
점검할 수 있는 어휘력 테스트 수록!

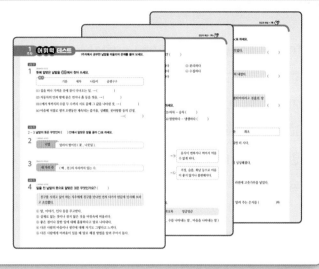

다양한 유형의
어휘 문제로
한 주 마무리!

찾아보기

학습한 어휘를 찾아보기 쉽게 교과목별
ㄱ, ㄴ, ㄷ … 순서로 정리했어요.

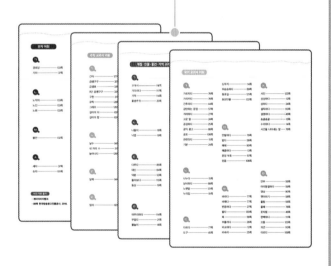

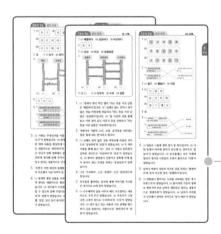

정답과 해설

정답에 자세한 해설을 실어 자기 주도 학습과 학습
지도를 수월히 할 수 있도록 했어요.

【부록】 · 학습 확인 붙임딱지 회마다 학습을 끝내고 붙임딱지를 골라 붙여 보세요.

· **낱·말·모·음·판** 본교재에 수록된 🐻 이것만은 꼭! 어휘로 꾸민 낱말 모음판으로 어휘 학습을 마무리해 보세요.

초등 2학년 2학기
교과서 연계 목록

✏️ 『어휘가 문해력이다』 초등 2학년 2학기에 수록된 어휘는 초등학교 2학년 2학기 국어, 계절·인물·물건·기억, 수학 교과서에 실려 있습니다.

✏️ 교과서 연계 목록을 살펴보면 과목별 교과서의 단원명에 따라 학습할 교재의 쪽을 한눈에 파악할 수 있습니다.

교과서 진도 순서에 맞춰 교재에서 해당하는 학습 회를 찾아 효율적으로 공부해 보세요!

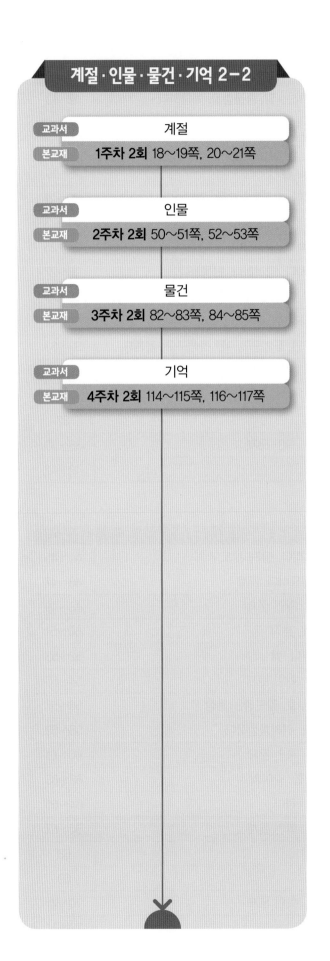

이 책의 차례

어휘가 문해력이다
어휘 학습으로 문해력 키우기

안녕하세요. 저는 AI 학습도우미 초등 푸리봇입니다.
로그인 후에 푸리봇이 추천하는 학습 정보를 확인해 보세요.

인공지능 DANCHOO
푸리봇 문|제|검|색

EBS 초등사이트와 EBS 초등 APP 하단의
AI 학습도우미 푸리봇을 통해 문항코드를
검색하면 푸리봇이 해당 문제의 해설 강의를
찾아 줍니다.

1주차 어휘 미리 보기

한 주 동안 공부할 어휘들이야. 쏙 한번 훑어볼까?

1회

국어 교과서 어휘

상상하다	수리하다
비교하다	도무지
흉내 내는 말	장대비
송골송골	나누다
매콤하다	관련짓다

학습 계획일 ( ) 월 ( ) 일

2회

계절 교과서 어휘

나들이	일기 예보
물놀이	꽃샘추위
낙엽	무덥다
동상	후드득후드득
절기	쌀쌀하다

학습 계획일 ( ) 월 ( ) 일

3회

국어 교과서 어휘

기분	칭찬하다
상하다	부풀리다
고운 말	조언하다
비속어	격려하다
공감하다	반응하다

학습 계획일 ( ) 월 ( ) 일

4회

수학 교과서 어휘

천	곱셈구구
삼천	2단 곱셈구구
오천	6단 곱셈구구
구천	9단 곱셈구구
네 자리 수	곱셈표

학습 계획일 ( ) 월 ( ) 일

5회

한자 어휘

약초	기차
화초	하차
초식	세차
초가집	차창

학습 계획일 ( ) 월 ( ) 일

어휘력 테스트

다음 중 낱말의 뜻을 잘 알고 있는 것에 ✔ 하세요.

☐ 상상하다 ☐ 비교하다 ☐ 흉내 내는 말 ☐ 송골송골 ☐ 매콤하다

✏️ 낱말을 읽고,　부분에 밑줄을 그으면서 낱말 공부를 해 보세요.

 이것만은 꼭!

상상하다

뜻 실제로 없는 것이나 겪지 않은 것을 머릿속에 떠올리다.

예 아이들이 신발주머니를 손으로 돌리는 모습을 상상하며 시를 읽었어요.

✏️ 따라 써요!

| 상 | 상 | 하 | 다 |

비교하다

뜻 둘 이상의 것을 함께 놓고 어떤 점이 같고 다른지 등을 살펴보다.

예 짜장면을 먹을 때 나에게는 어떤 일이 있었는지 내 경험과 비교하며 시의 장면을 상상해 보았어요.

✏️ 따라 써요!

| 비 | 교 | 하 | 다 |

흉내 내는 말

뜻 사람이나 사물의 소리, 모양, 움직임을 나타내는 말.

예 이 시에서 '호로록'은 짜장면을 먹는 소리나 모양을 흉내 내는 말이에요.

뿡뿡, 짹짹, 하하, 엉금엉금, 빙글빙글 등이
흉내 내는 말이야.

✏️ 따라 써요!

| 흉 | 내 | 내 | 는 | 말 |

송골송골

뜻 땀이나 물방울이 살갗이나 겉쪽에 작게 많이 돋아나 있는 모양.

예 매운 음식을 먹으면 이마에 땀이 **송골송골** 돋아요.

✏️ **따라 써요!**

송	골	송	골

1 주차

1회
2회
3회
4회
5회

매콤하다

뜻 냄새나 맛이 약간 맵다.

예 떡볶이가 **매콤해서** 맛있어요.

관련 어휘 **맵디맵다, 얼큰하다**

맛이 매운 것을 표현할 때 '맵디맵다'와 '얼큰하다'라는 말도 사용해. '맵디맵다'는 "아주 맵다."라는 뜻이고, '얼큰하다'는 "혀끝이 조금 아플 정도로 맵다."라는 뜻이야.

✏️ **따라 써요!**

매	콤	하	다

자주 틀리는 맞춤법

도움말 '조금만 잘못했더라면'을 뜻하는 말은 '**하마터면**'이에요.

다음 중 낱말의 뜻을 잘 알고 있는 것에 ☑ 하세요.
☐ 수리하다 ☐ 도무지 ☐ 장대비 ☐ 나누다 ☐ 관련짓다

✏️ 낱말을 읽고, ▨▨▨ 부분에 밑줄을 그으면서 낱말 공부를 해 보세요.

수리하다

뜻 고장 난 것을 손보아 고치다.

예 의자가 삐거덕거려서 수리했어요.

뜻이 비슷한 말 수선하다

'수선하다'는 "낡거나 헌 물건을 고치다."라는 뜻이야. '수리하다'와 '수선하다'는 뜻이 비슷해서 서로 바꾸어 쓸 수 있어.

✏️ 따라 써요!

수	리	하	다

> 옷을 손보아 고칠 때는 '수선하다'를 써. 옷을 수리한다는 말은 쓰지 않아.

도무지

뜻 아무리 해도.

예 지갑을 어디에 두었는지 도무지 생각이 나지 않아요.

✏️ 따라 써요!

도	무	지

장대비

뜻 빗줄기가 굵고 거세게 좍좍 내리는 비.

예 장대비가 쏟아져 우산을 썼지만 온몸이 젖었어요.

> '장대비'를 '작달비'라고도 해.

관련 어휘 안개비, 가랑비, 채찍비

• 안개비: 빗줄기가 매우 가늘어서 안개처럼 부옇게 보이는 비.
• 가랑비: 가늘게 내리는 비.
• 채찍비: 채찍을 내리치듯이 굵고 세차게 쏟아져 내리는 비.

✏️ 따라 써요!

장	대	비

 이것만은 꼭!

나누다

뜻 말, 이야기, 인사 등을 주고받다.

예 이야기를 읽고 친구들과 생각이나 느낌을 나누었어요.

여러 가지 뜻을 가진 낱말 나누다

'나누다'는 다음과 같은 뜻도 가지고 있어.

하나를 둘 이상으로 가르다.	기쁨, 즐거움, 슬픔, 어려움 등을 함께하다.

 따라 써요!

 나 누 다

관련짓다

뜻 사람, 일, 물건 등이 서로 관계를 맺게 하다.

예 이야기에 나오는 인물의 마음을 내 경험과 관련지어 생각해 보았어요.

따라 써요!

 관 련 짓 다

 헷갈리는 **우리말**

예문 인형을 품에 안고 의자에 앉았어요.

✏️ 12~13쪽에서 공부한 낱말을 떠올리며 문제를 풀어 보세요.

1 [243005-0001]
뜻에 알맞은 낱말을 보기 에서 찾아 쓰세요.

> 보기
>
> 매콤하다   비교하다   상상하다

(1) ☐   냄새나 맛이 약간 맵다.

(2) ☐   실제로 없는 것이나 겪지 않은 것을 머릿속에 떠올리다.

(3) ☐   둘 이상의 것을 함께 놓고 어떤 점이 같고 다른지 등을 살펴보다.

2 [243005-0002]
빈칸에 알맞은 말을 쓰세요.

> '뻥뻥', '빙글빙글'과 같이 사람이나 사물의 소리, 모양, 움직임을 나타내는 말을
> '☐☐ 내는 말'이라고 한다.

3 [243005-0003]
문장에 어울리는 낱말을 ( ) 안에서 골라 ○표 하세요.

(1) 내가 고래가 되어 바닷속을 헤엄치는 모습을 (상담 , 상상)했다.

(2) 두 개의 가방 중에서 어느 것이 더 가볍고 튼튼한지 (비교 , 하교)해 보았다.

(3) 얼음물이 들어 있는 컵의 겉쪽에 작은 물방울이 (송골송골 , 엉금엉금) 맺혔다.

14~15쪽에서 공부한 낱말을 떠올리며 문제를 풀어 보세요.

4 [243005-0004]

낱말의 뜻을 에서 찾아 사다리를 타고 내려간 곳에 기호를 쓰세요.

보기

ㄱ 고장 난 것을 손보아 고 치다.

ㄴ 빗줄기가 굵고 거세게 좍 좍 내리는 비.

ㄷ 사람, 일, 물건 등이 서 로 관계를 맺게 하다.

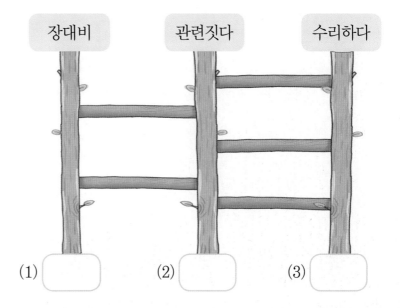

장대비 관련짓다 수리하다

(1) [   ] (2) [   ] (3) [   ]

5 [243005-0005]

밑줄 친 낱말의 뜻으로 알맞은 것에 ○표 하세요.

좋아하는 음식에 대해 친구들과 대화를 나누었어.

(1) 하나를 둘 이상으로 가르다. (   )

(2) 말, 이야기, 인사 등을 주고받다. (   )

(3) 기쁨, 즐거움, 슬픔, 어려움 등을 함께하다.

(   )

6 [243005-0006]

(   ) 안에 알맞은 낱말을 보기에서 찾아 쓰세요.

보기

| 관련 | 수리 | 도무지 |

(1) 수수께끼의 답을 (   ) 모르겠다.

(2) 자전거가 고장 나서 (   )해야 한다.

(3) 내가 알고 있는 내용과 (   )지으며 글을 읽으니까 글의 내용이 쉽게 이 해되었다.

1회 끝! 붙임딱지

다음 중 낱말의 뜻을 잘 알고 있는 것에 ☑ 하세요.
☐ 나들이 ☐ 물놀이 ☐ 낙엽 ☐ 동상 ☐ 절기

✏️ 낱말을 읽고, 　　　 부분에 밑줄을 그으면서 낱말 공부를 해 보세요.

나들이

뜻 집을 떠나 가까운 곳에 잠시 다녀오는 일.

예 따뜻한 봄에는 나들이를 가는 사람들이 많아요.

'나들이'를 '바깥나들이'라고도 해.

✏️ 따라 써요!

물놀이

뜻 물가나 물속에서 하는 놀이.

예 아이들이 계곡에서 서로 물을 끼얹으며 물놀이를 해요.

✏️ 따라 써요!

낙엽

뜻 말라서 떨어진 나뭇잎.

예 가을에는 **낙엽**을 밟으며 놀아요.

✏️ 따라 써요!

낙	엽

동상

뜻 추위 때문에 살갗이 얼어서 상하는 일.

예 겨울에는 **동상**에 걸리지 않도록 장갑을 끼고 두꺼운 양말을 신어요.

글자는 같지만 뜻이 다른 낱말 **동상**

사람이나 동물의 모습으로 만든 것도 '동상'이라고 해. "광장에서 이순신 장군의 <u>동상</u>을 보았어요."와 같이 쓰여.

✏️ 따라 써요!

동	상

이것만은 꼭!

절기

뜻 일 년을 스물넷으로 나눈 계절의 구분.

예 여름에 있는 **절기**인 하지는 일 년 중 낮이 가장 긴 날이에요.

관련 어휘 **24절기**

'24절기'는 태양의 위치에 따라 일 년을 스물넷으로 나눈 절기를 말해.

계절	봄						여름					
절기	입춘	우수	경칩	춘분	청명	곡우	입하	소만	망종	하지	소서	대서

계절	가을						겨울					
절기	입추	처서	백로	추분	한로	상강	입동	소설	대설	동지	소한	대한

✏️ 따라 써요!

절	기

다음 중 낱말의 뜻을 잘 알고 있는 것에 ✓ 하세요.

☐ 일기 예보 ☐ 꽃샘추위 ☐ 무덥디 ☐ 후드득후드득 ☐ 쌀쌀하다

✏️ 낱말을 읽고, ▨▨▨ 부분에 밑줄을 그으면서 낱말 공부를 해 보세요.

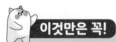 이것만은 꼭!

일기 예보

뜻 앞으로의 날씨를 미리 짐작해 알리는 일.

예 일기 예보에서 내일 비가 온다고 했어요.

관련 어휘 일기

'일기'는 그날그날의 비, 구름, 바람, 기온 등이 나타나는 공기 중의 상태를 뜻해. '일기'와 '날씨'는 뜻이 같은 말이야.

✏️ 따라 써요!

일	기		예	보

꽃샘추위

뜻 이른 봄, 꽃이 필 무렵의 추위.

예 꽃샘추위가 찾아와 두꺼운 겉옷을 입었어요.

✏️ 따라 써요!

꽃	샘	추	위

무덥다

뜻 날씨가 찌는 듯이 아주 덥다.

예 무더운 날에는 바깥에서 놀지 않는 것이 좋아요.

관련 어휘 **무더위**

'무더위'는 견디기 힘들 정도로 찌는 듯한 더위를 뜻해. "여름에는 30도가 넘는 <u>무더위</u>가 계속될 때가 있어요."와 같이 쓰여.

따라 써요!

무	덥	다

후드득 후드득

뜻 굵은 빗방울이 갑자기 잇따라 떨어지는 소리.

예 하늘에 먹구름이 몰려오더니 후드득후드득 비가 내렸어요.

따라 써요!

후	드	득	후	드	득

쌀쌀하다

뜻 날씨나 바람이 상당히 차갑다.

예 겨울이 오려는지 바람이 쌀쌀해요.

뜻이 비슷한 말 **냉랭하다**

'냉랭하다'는 "온도가 몹시 낮아서 차다."라는 뜻이야. '쌀쌀하다'와 '냉랭하다'는 뜻이 비슷해서 서로 바꾸어 쓸 수 있어.

따라 써요!

쌀	쌀	하	다

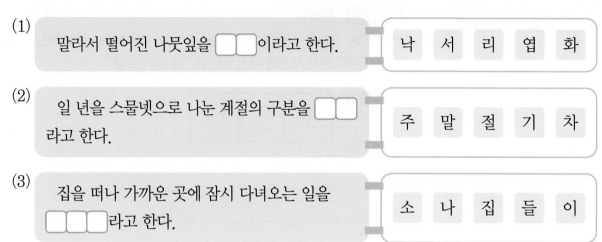

확인 문제

18~19쪽에서 공부한 낱말을 떠올리며 문제를 풀어 보세요.

1 [243005-0007]
빈칸에 들어갈 낱말은 무엇인지 알맞은 글자를 모두 골라 ○표 하세요.

(1) 말라서 떨어진 나뭇잎을 ☐☐이라고 한다.

| 낙 | 서 | 리 | 엽 | 화 |

(2) 일 년을 스물넷으로 나눈 계절의 구분을 ☐☐라고 한다.

| 주 | 말 | 절 | 기 | 차 |

(3) 집을 떠나 가까운 곳에 잠시 다녀오는 일을 ☐☐☐라고 한다.

| 소 | 나 | 집 | 들 | 이 |

2 [243005-0008]
밑줄 친 낱말의 뜻을 찾아 선으로 이으세요.

(1) 동상에 걸린 발을 따뜻한 물에 담갔다. ·

· ㉠ 사람이나 동물의 모습으로 만든 것.

(2) 우리 마을 공원에는 호랑이 동상이 있다. ·

· ㉡ 추위 때문에 살갗이 얼어서 상하는 일.

3 [243005-0009]
( ) 안에 알맞은 낱말을 보기에서 찾아 쓰세요.

보기
낙엽   절기   물놀이

(1) 입동은 겨울이 시작됨을 알리는 ( )이다.

(2) 나와 동생은 바다에서 튜브를 끼고 신나게 ( )를 했다.

(3) 늦가을에는 길가에 심은 나무 아래에 ( )이 수북이 쌓인다.

✏️ 20~21쪽에서 공부한 낱말을 떠올리며 문제를 풀어 보세요.

4 [243005-0010]

뜻에 알맞은 낱말이 되도록 보기 에서 알맞은 글자를 찾아 쓰세요.

> **보기**
>
> 기   꽃   무   보   샘

(1) 날씨가 찌는 듯이 아주 덥다. → [ ] [덥] [다]

(2) 이른 봄, 꽃이 필 무렵의 추위. → [ ] [ ] [추] [위]

(3) 앞으로의 날씨를 미리 짐작해 알리는 일. → [일] [ ] [예] [ ]

5 [243005-0011]

밑줄 친 낱말과 뜻이 비슷한 말은 무엇인가요? (   )

> 날씨가 <u>쌀쌀해서</u> 긴팔옷을 입고 학교에 갔다.

① 맑다   ② 덥다   ③ 흐리다
④ 냉랭하다   ⑤ 화창하다

6 [243005-0012]

빈칸에 들어갈 알맞은 낱말을 찾아 선으로 이으세요.

(1)
창밖에서 [   ] 빗방울이 떨어지는 소리가 들렸다.   •   • ㉠ 꽃샘추위

(2)
3월이지만 기온이 영하로 떨어지며 [   ]가 계속되고 있다.   •   • ㉡ 일기 예보

(3)
운동회 날에 날씨가 어떠할지 궁금해서 [   ]를 찾아보았다.   •   • ㉢ 후드득후드득

다음 중 낱말의 뜻을 잘 알고 있는 것에 ✔ 하세요.
☐ 기분 ☐ 상하다 ☐ 고운 말 ☐ 비속어 ☐ 공간하다

🖊 낱말을 읽고, ▢ 부분에 밑줄을 그으면서 낱말 공부를 해 보세요.

기분

뜻 마음에 저절로 생겨 오랫동안 계속되는 즐거움, 상쾌함, 못마땅함 등의 감정.

예 슬기는 몸이 아픈지 기분이 안 좋아 보였어요.

✏ 따라 써요!
| 기 | 분 |

상하다

뜻 걱정, 슬픔, 화남 등으로 마음이 좋지 않거나 불편해지다.

예 친구와 대화할 때에는 친구의 기분이 상하지 않도록 말해야 해요.

여러 가지 뜻을 가진 낱말 상하다

'상하다'는 "음식이 변하거나 썩어서 먹을 수 없게 되다."라는 뜻도 가지고 있어. "우유가 상해서 버렸어요."와 같이 쓰여.

✏ 따라 써요!
| 상 | 하 | 다 |

고운 말

뜻 다른 사람의 마음을 헤아려 부드럽게 하는 말.

예 "우산을 씌워 주어서 고마워."와 같은 고운 말을 들으면 기분이 좋아요.

✏ 따라 써요!
| 고 | 운 | 말 |

비속어

 예절에 어긋나게 대상을 낮추거나 점잖지 못하게 사용하는 말.
🐭 어떤 일의 상대나 목표가 되는 것을 뜻해.

 해진이가 "꺼져!" 하고 비속어로 말해서 기분이 나빴어요.

'꺼지다'는 "눈앞에서 안 보이게 없어지다."라는 뜻으로 쓰이는 비속어야.

✏️ 따라 써요!

비	속	어

 이것만은 꼭!

공감하다

 다른 사람의 마음이나 생각에 대해 자기도 그렇다고 느끼다.

예 친구의 말에 공감한다는 뜻으로 고개를 끄덕였어요.

뜻이 비슷한 말 **동감하다**

'동감하다'는 "어떤 의견에 같은 생각을 가지다."라는 뜻이야. '공감하다'와 '동감하다'는 뜻이 비슷해서 서로 바꾸어 쓸 수 있어.

✏️ 따라 써요!

공	감	하	다

자주 틀리는 맞춤법

도움말 알릴 내용을 여러 사람이 볼 수 있도록 붙여 두는 판을 뜻하는 낱말은 '게시판'이라고 써야 해요.

다음 중 낱말의 뜻을 잘 알고 있는 것에 ✔ 하세요.
☐ 칭찬하다 ☐ 부풀리다 ☐ 조언하다 ☐ 격려하다 ☐ 반응하다

 낱말을 읽고, 부분에 밑줄을 그으면서 낱말 공부를 해 보세요.

칭찬하다

뜻 좋은 점이나 잘한 일에 대해 훌륭하다고 말로 나타내다.

예 내가 글씨를 바르게 쓴다고 친구들이 칭찬했어요.

따라 써요!

| 칭 | 찬 | 하 | 다 |

부풀리다

뜻 어떤 일을 실제보다 더 크게 나타내다.

예 "네 춤 실력은 우주에서 최고야!"와 같이 너무 부풀려 칭찬하지 않아요.

따라 써요!

| 부 | 풀 | 리 | 다 |

 이것만은 꼭!

조언하다

뜻 다른 사람에게 어려움이 있을 때 말로 해결 방법을 알려 주어서 돕다.

예 줄넘기를 잘하고 싶어 하는 윤지에게 날마다 10분씩 줄넘기 연습을 해 보면 좋겠다고 조언했어요.

'조언하다'를 '도움말하다'라고도 해.

따라 써요!

| 조 | 언 | 하 | 다 |

격려하다

뜻 말이나 행동으로 용기나 하고 싶은 마음이 생기도록 해 주다.

예 "넌 잘할 수 있을 거야. 힘내!" 하고 달리기 시합에 나가는 친구를 격려했어요.

따라 써요!

| 격 | 려 | 하 | 다 |

반응하다

뜻 자극에 대해 어떤 동작이나 태도를 보이다.

예 대화를 나눌 때에는 상황에 어울리는 표정을 짓거나 몸짓을 하는 등 상대의 말에 적절히 반응해요.

'반응하다'는 [바능하다]로 발음해.

따라 써요!

| 반 | 응 | 하 | 다 |

헷갈리는 우리말

형, 숙제해?

닮고 싶은 사람에 대해 글을 써야 해서 아빠에 대해 쓰고 있어.

아빠를 어디에 담아?

아빠를 담긴 어디에 담냐?

'담다'가 아니고 '닮다'를 말한 거야.

발음이 같아서 헷갈렸네.

도움말 "물건을 그릇 등에 넣다."라는 뜻의 낱말은 '담다'이고, "어떠한 것을 본떠 그와 같아지다."라는 뜻의 낱말은 '닮다'예요.

✏️ 24~25쪽에서 공부한 낱말을 떠올리며 문제를 풀어 보세요.

1 [243005-0013]
뜻에 알맞은 낱말을 글자판에서 찾아 묶으세요.(낱말은 가로(—), 세로(│) 방향에 숨어 있어요.)

국	기	계	힘
화	분	산	차
장	상	하	다
지	비	속	어

❶ 걱정, 슬픔, 화남 등으로 마음이 좋지 않거나 불편해지다.

❷ 예절에 어긋나게 대상을 낮추거나 점잖지 못하게 사용하는 말.

❸ 마음에 저절로 생겨 오랫동안 계속되는 즐거움, 상쾌함, 못마땅함 등의 감정.

2 [243005-0014]
밑줄 친 낱말과 뜻이 비슷한 말은 무엇인가요? (   )

친구들이 물을 아껴 쓰면 좋겠어.

네 말에 공감해.

① 감사하다   ② 공부하다   ③ 대답하다
④ 동감하다   ⑤ 마감하다

3 [243005-0015]
문장에 어울리는 낱말을 (   ) 안에서 골라 ○표 하세요.

(1) 언니는 만화 영화에 나오는 아이의 슬픈 마음에 (공감 , 공격)해 눈물을 흘렸다.

(2) 재하는 행동이 느린 자신을 친구들이 느림보라고 놀려서 기분이 (귀했다 , 상했다).

(3) 나와 부딪쳐 넘어진 친구에게 "다치지 않았니? 내가 급하게 가느라 너를 못 봤어. 미안해." 하고 (비속어 , 고운 말)로 말했다.

✏️ 26~27쪽에서 공부한 낱말을 떠올리며 문제를 풀어 보세요.

4 [243005-0016]
낱말의 뜻은 무엇인지 ( ) 안에서 알맞은 말을 골라 ○표 하세요.

(1)

| 부풀리다 | 어떤 일을 실제보다 더 (작게 , 크게) 나타내다. |

(2)

| 칭찬하다 | (고칠 , 좋은) 점이나 잘한 일에 대해 훌륭하다고 말로 나타내다. |

(3)

| 격려하다 | 말이나 행동으로 (용기 , 후회)나 하고 싶은 마음이 생기도록 해 주다. |

5 [243005-0017]
빈칸에 들어갈 알맞은 낱말은 무엇인가요? ( )

① 비교   ② 반성   ③ 반응
④ 부탁   ⑤ 칭찬

6 [243005-0018]
밑줄 친 낱말의 쓰임이 알맞으면 ○표, 알맞지 않으면 ✕표 하세요.

(1) 교실 바닥에 쓰레기를 함부로 버리는 경진이의 행동을 칭찬했다. ( )

(2) 밤에 자려고 누우면 무서운 생각이 들어서 힘들다는 수현이에게 즐거웠던 일을 떠올려 보라고 조언했다. ( )

(3) 엄마와 함께 두발자전거 타기 연습을 하는데 엄마께서 "조금만 더 연습하면 혼자 탈 수 있을 거야. 그러니까 힘내!" 하고 격려해 주셨다. ( )

3회 끝!
붙임딱지

다음 중 낱말의 뜻을 잘 알고 있는 것에 ✅ 하세요.

☐ 천 ☐ 삼천 ☐ 오천 ☐ 구천 ☐ 네 자리 수

주호의 지갑에는 천 원짜리가 **4**장, 백 원짜리가 **7**개, 오십 원짜리가 **1**개 있었어. 이것을 수로 표현하면 **4750**이라는 네 자리 수가 돼. 네 자리 수에 대해 좀 더 알아볼까?

주호

✏️ 낱말을 읽고, ⬛⬛⬛ 부분에 밑줄을 그으면서 낱말 공부를 해 보세요.

천

뜻 100이 10개인 수.

예 100이 10개이면 1000이고, 1000은 천이라고 읽어요.

✏️ 따라 써요! | 천 |

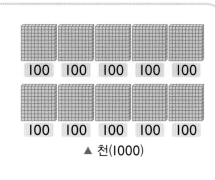

| 100 | 100 | 100 | 100 | 100 |
| 100 | 100 | 100 | 100 | 100 |

▲ 천(1000)

삼천

뜻 1000이 3개인 수.

예 1000이 3개이면 3000이고, 3000은 삼천이라고 읽어요.

✏️ 따라 써요! | 삼 | 천 |

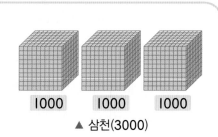

| 1000 | 1000 | 1000 |

▲ 삼천(3000)

오천

뜻 1000이 5개인 수.

예 1000이 5개이면 5000이고, 5000은 오천이라고 읽어요.

✏️ 따라 써요!

| 오 | 천 |

▲ 오천(5000)

구천

뜻 1000이 9개인 수.

예 1000이 9개이면 9000이고, 9000은 구천이라고 읽어요.

✏️ 따라 써요!

| 구 | 천 |

▲ 구천(9000)

이것만은 꼭!

네 자리 수

뜻 천의 자리까지 있는 수.

예 3428은 천의 자리가 3, 백의 자리가 4, 십의 자리가 2, 일의 자리가 8인 네 자리 수예요.

천의 자리	백의 자리	십의 자리	일의 자리
3	4	2	8
3	0	0	0
	4	0	0
		2	0
			8

✏️ 따라 써요!

다음 중 낱말의 뜻을 잘 알고 있는 것에 ✔ 하세요.

☐ 곱셈구구 ☐ 2단 곱셈구구 ☐ 6단 곱셈구구 ☐ 9단 곱셈구구 ☐ 곱셈표

정우가 아빠를 도와 사과를 땄어. 몇 개를 땄는지 세어 볼까? 사과가 **8**개씩 **8**상자 있으니까 모두 **64**개를 땄네. 이럴 때 곱셈구구를 이용하면 빠르게 계산할 수 있어. 곱셈구구에 대해 알아보자.

✏️ 낱말을 읽고, ▨ 부분에 밑줄을 그으면서 낱말 공부를 해 보세요.

 **이것만은 꼭!**

곱셈구구

뜻 I에서 **9**까지의 수를 두 수끼리 서로 곱해 그 값을 나타낸 것.

예 각 단의 곱셈구구는 단의 수만큼 값이 커져요.

✏️ 따라 써요!

곱	셈	구	구

2단 곱셈구구

뜻 **2**에 I부터 **9**까지의 수를 곱해 그 값을 나타낸 것.

예 2단 곱셈구구에서 곱하는 수가 I씩 커지면 그 곱은 **2**씩 커져요.

×	1	2	3	4	5	6	7	8	9
2	2	4	6	8	10	12	14	16	18

✏️ 따라 써요!

2	단	곱	셈	구	구

6단 곱셈구구

뜻 6에 1부터 9까지의 수를 곱해 그 값을 나타낸 것.

예 6단 곱셈구구에서 곱하는 수가 1씩 커지면 그 곱은 6씩 커져요.

×	1	2	3	4	5	6	7	8	9
6	6	12	18	24	30	36	42	48	54

따라 써요!

6 단 곱 셈 구 구

9단 곱셈구구

뜻 9에 1부터 9까지의 수를 곱해 그 값을 나타낸 것.

예 9단 곱셈구구에서 곱하는 수가 1씩 커지면 그 곱은 9씩 커져요.

×	1	2	3	4	5	6	7	8	9
9	9	18	27	36	45	54	63	72	81

따라 써요!

9 단 곱 셈 구 구

곱셈표

뜻 세로줄과 가로줄의 수가 만나는 칸에 두 수의 곱을 써넣은 표.

예 곱셈구구를 하며 곱셈표를 완성해요.

×	0	1	2	3	4	5	6	7	8	9
0	0	0	0	0	0	0	0	0	0	0
1	0	1	2	3	4	5	6	7	8	9
2	0	2	4	6	8	10	12	14	16	18
3	0	3	6	9	12	15	18	21	24	27
4	0	4	8	12	16	20	24	28	32	36
5	0	5	10	15	20	25	30	35	40	45
6	0	6	12	18	24	30	36	42	48	54
7	0	7	14	21	28	35	42	49	56	63
8	0	8	16	24	32	40	48	56	64	72
9	0	9	18	27	36	45	54	63	72	81

따라 써요!

곱 셈 표

✏️ 30~31쪽에서 공부한 낱말을 떠올리며 문제를 풀어 보세요.

1 [243005-0019]
뜻에 알맞은 낱말을 한글로 쓰세요.

(1)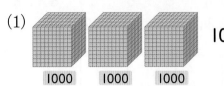
1000이 3개인 수: ☐☐

(2)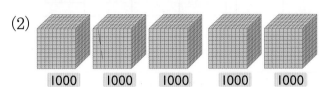
1000이 5개인 수: ☐☐

2 [243005-0020]
빈칸에 알맞은 말을 한글로 쓰세요.

(1)
콩을 한 자루에 100개씩 10자루에 담으면
콩은 모두 ☐ 개이다.

(2)
콩을 한 자루에 1000개씩 3자루에 담으면
콩은 모두 ☐☐ 개이다.

3 [243005-0021]
문장에 어울리는 낱말을 ( ) 안에서 골라 ○표 하세요.

(1) 7893은 (세 자리 수 , 네 자리 수)이다.

(2) 1000원짜리 손수건을 9장 사려면 (오천 , 구천) 원이 필요하다.

✏️ 32~33쪽에서 공부한 낱말을 떠올리며 문제를 풀어 보세요.

[243005-0022]

4 빈칸에 알맞은 말을 쓰세요.

1에서 9까지의 수를 두 수끼리 서로 곱해 그 값을 나타낸 것을 '☐셈☐구'라고 한다.

[243005-0023]

5 ( ) 안에서 알맞은 낱말을 골라 ○표 하세요.

이건 무슨 표야?

×	0	1	2	3	4	5	6	7	8	9
0	0	0	0	0	0	0	0	0	0	0
1	0	1	2	3	4	5	6	7	8	9
2	0	2	4	6	8	10	12	14	16	18
3	0	3	6	9	12	15	18	21	24	27
4	0	4	8	12	16	20	24	28	32	36
5	0	5	10	15	20	25	30	35	40	45
6	0	6	12	18	24	30	36	42	48	54
7	0	7	14	21	28	35	42	49	56	63
8	0	8	16	24	32	40	48	56	64	72
9	0	9	18	27	36	45	54	63	72	81

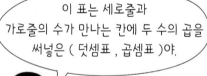

이 표는 세로줄과 가로줄의 수가 만나는 칸에 두 수의 곱을 써넣은 (덧셈표 , 곱셈표)야.

[243005-0024]

6 빈칸에 들어갈 알맞은 말을 찾아 선으로 이으세요.

(1) 2×3=6, 2×4=8, 2×5=10은 ☐이다.

• ㉠ 2단 곱셈구구

(2) 곱하는 수가 1씩 커질 때 그 곱이 9씩 커지는 것은 ☐이다.

• ㉡ 6단 곱셈구구

(3) 야구공이 6개씩 들어 있는 상자가 6개 있을 때 야구공이 모두 몇 개인지 계산하려면 ☐를 이용한다.

• ㉢ 9단 곱셈구구

4회 끝!
붙임딱지

1
주차

1회
2회
3회
4회
5회

草 **(초)가 들어간 낱말**

모양	뜻	음
草	풀 '초(草)'는 이른 아침에 돋아 있는 풀을 표현한 글자야. '초(草)'는 '풀'을 뜻해.	초

✏️ '草(초)'가 들어간 낱말을 읽고, ⬜ 부분에 밑줄을 그으면서 낱말 공부를 해 보세요.

약초 | 藥 약약 | 草 풀초

뜻 약으로 쓰는 풀.

예 할아버지께서 산에서 약초를 캐 오셨어요.

뜻이 비슷한 말 **약풀**

'약풀'도 약으로 쓰는 풀을 뜻해. '약초'와 '약풀'은 뜻이 비슷해서 서로 바꾸어 쓸 수 있어.

화초 | 花 꽃화 | 草 풀초

뜻 꽃이 피는 풀과 나무. 또는 두고 보면서 즐기는 모든 식물.

예 마당에서 여러 가지 화초를 가꾸어요.

초식 | 草 풀초 | 食 먹을식

뜻 주로 풀이나 채소, 나물만 먹고 삶.

예 토끼는 초식을 하는 동물이에요.

관련 어휘 **육식**

'육식'은 동물이 다른 동물의 고기를 먹이로 하는 일을 뜻해.

초가집 | 草 풀초 | 家 집가 | 집

뜻 짚이나 갈대 등으로 지붕을 덮은 집.

예 초가집은 짚이 잘 썩어서 해마다 지붕을 새로 얹어야 했어요.

車 (차)가 들어간 낱말

모양	뜻	음
車	수레 '차(車)'는 사람이 타거나 짐을 싣는 수레의 모습을 본떠 만들었어. '차(車)'는 '수레'를 뜻해.	차

✏️ '車(차)'가 들어간 낱말을 읽고, ▨▨ 부분에 밑줄을 그으면서 낱말 공부를 해 보세요.

기차 汽車
汽	車
물끓는김기	수레 차

🔹뜻 사람이나 물건을 싣고 철도 위를 달리는, 길이가 긴 차.

🔹예 기차를 타고 할머니 댁에 갔어요.

관련 어휘 **열차**

'열차'는 사람이 타는 칸을 여러 개 이어 놓은 기차나 전철을 뜻해.

하차 下車
下	車
내릴 하	수레 차

🔹 '하(下)'의 대표 뜻은 '아래'야.

🔹뜻 타고 있던 차에서 내림.

🔹예 버스에서 하차할 때에는 좌우를 살펴요.

뜻이 반대되는 말 **승차**

'승차'는 "차를 탐."이라는 뜻이야. "지하철이 도착하자 사람들이 차례대로 승차했어요."와 같이 쓰여.

세차 洗車
洗	車
씻을 세	수레 차

🔹뜻 자동차의 안과 밖에 묻은 먼지나 흙 등을 씻음.

🔹예 자동차가 더러워 세차를 했어요.

차창 車窓
車	窓
수레 차	창 창

🔹뜻 기차나 자동차 등에 달려 있는 창문.

🔹예 김이 서린 차창에 그림을 그렸어요.

✏️ 36쪽에서 공부한 낱말을 떠올리며 문제를 풀어 보세요.

1 [243005-0025]
뜻에 알맞은 낱말을 빈칸에 쓰세요.

(1)

❶	❷

[가로 ❶] 약으로 쓰는 풀.
[세로 ❷] 주로 풀이나 채소, 나물만 먹고 삶.

(2)

❷	
❶	

[가로 ❶] 짚이나 갈대 등으로 지붕을 덮은 집.
[세로 ❷] 꽃이 피는 풀과 나무. 또는 두고 보면서 즐기는 모든 식물.

2 [243005-0026]
밑줄 친 낱말과 뜻이 비슷한 말은 무엇인지 빈칸에 알맞은 글자를 쓰세요.

약초를 달인 물에서 쓴맛이 났어.

약	

3 [243005-0027]
빈칸에 들어갈 알맞은 낱말을 찾아 선으로 이으세요.

(1) 소는 주로 풀을 먹는 ☐ 동물이다. •

• ㉠ 약초

(2) 옛날 사람들은 기와집, ☐ 등에서 생활했다. •

• ㉡ 초식

(3) 쑥은 음식물이 잘 소화되도록 도와주어서 ☐ 로도 쓰인다. •

• ㉢ 초가집

✏️ 37쪽에서 공부한 낱말을 떠올리며 문제를 풀어 보세요.

1주차 1회 2회 3회 4회 5회

[243005-0028]

4 뜻에 알맞은 낱말을 그림에서 찾아 짝 지어진 색으로 색칠하세요.

(1) 타고 있던 차에서 내림. – 연두색

(2) 기차나 자동차 등에 달려 있는 창문. – 하늘색

(3) 자동차의 안과 밖에 묻은 먼지나 흙 등을 씻음. – 주황색

(4) 사람이나 물건을 싣고 철도 위를 달리는, 길이가 긴 차. – 분홍색

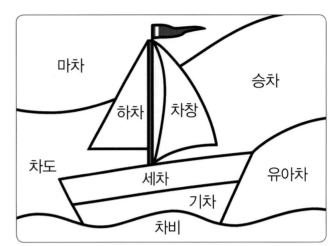

[243005-0029]

5 밑줄 친 낱말과 뜻이 반대되는 말에 ○표 하세요.

엄마와 함께 택시를 타고 가다가 백화점 앞에서 하차했다.

(도착 , 승차 , 주차)

[243005-0030]

6 ( ) 안에 알맞은 낱말을 보기에서 찾아 쓰세요.

> 보기
>
> 기차　　　세차　　　차창

(1) 자동차를 ( )하고 나니 새것처럼 깨끗했다.

(2) 달리는 버스 ( ) 밖으로 높은 빌딩들이 보였다.

(3) 우리 가족은 부산으로 여행을 가기 위해 ( )를 탔다.

1주차에서 공부한 낱말을 떠올리며 문제를 풀어 보세요.

낱말 뜻

1 [243005-0031]
뜻에 알맞은 낱말을 보기에서 찾아 쓰세요.

보기
| 기분 | 세차 | 나들이 | 곱셈구구 |

(1) 집을 떠나 가까운 곳에 잠시 다녀오는 일. → (   )

(2) 자동차의 안과 밖에 묻은 먼지나 흙 등을 씻음. → (   )

(3) 1에서 9까지의 수를 두 수끼리 서로 곱해 그 값을 나타낸 것. → (   )

(4) 마음에 저절로 생겨 오랫동안 계속되는 즐거움, 상쾌함, 못마땅함 등의 감정.

→ (   )

낱말 뜻

2 ~ 3 낱말의 뜻은 무엇인지 (   ) 안에서 알맞은 말을 골라 ○표 하세요.

2 [243005-0032]

낙엽   말라서 떨어진 (꽃 , 나뭇잎).

3 [243005-0033]

네 자리 수   (백 , 천)의 자리까지 있는 수.

낱말 뜻

4 [243005-0034]
밑줄 친 낱말의 뜻으로 알맞은 것은 무엇인가요? (   )

친구를 사귀고 싶어 하는 지우에게 친구를 만나면 먼저 다가가 반갑게 인사해 보라고 조언했다.

① 말, 이야기, 인사 등을 주고받다.
② 실제로 없는 것이나 겪지 않은 것을 머릿속에 떠올리다.
③ 좋은 점이나 잘한 일에 대해 훌륭하다고 말로 나타내다.
④ 다른 사람의 마음이나 생각에 대해 자기도 그렇다고 느끼다.
⑤ 다른 사람에게 어려움이 있을 때 말로 해결 방법을 알려 주어서 돕다.

뜻이 비슷한 말

5 [243005-0035]

밑줄 친 낱말과 뜻이 비슷한 말은 무엇인가요? (   )

책상 서랍이 잘
닫히지 않아 아빠께서
수리해 주셨어.

① 구입하다   ② 분리하다

③ 수선하다   ④ 수집하다

⑤ 운반하다

뜻이 반대되는 말

6 [243005-0036]

뜻이 반대되는 말끼리 짝 지어진 것에 ○표 하세요.

(1) 약초 – 약풀 (   )   (2) 하차 – 승차 (   )

(3) 공감하다 – 동감하다 (   )   (4) 쌀쌀하다 – 냉랭하다 (   )

여러 가지 뜻을 가진 낱말

7 [243005-0037]

밑줄 친 낱말의 뜻을 찾아 선으로 이으세요.

(1)
생선이 <u>상해서</u> 냄새가
심하게 났다.
·

· ㉠
음식이 변하거나 썩어서 먹을
수 없게 되다.

(2)
친구가 내게 짜증을 내
서 마음이 <u>상했다</u>.
·

· ㉡
걱정, 슬픔, 화남 등으로 마음
이 좋지 않거나 불편해지다.

포함하는 말

8 [243005-0038]

다음 낱말을 모두 포함하는 말에 ○표 하세요.

| 짝짝 | 하하 | 호로록 | 엉금엉금 |

(흉내 내는 말 , 수를 나타내는 말 , 마음을 나타내는 말)

낱말 활용

9 ~ 11 밑줄 친 낱말의 쓰임이 알맞으면 ○표, 알맞지 않으면 ✕표 하세요.

9 [243005-0039]

한여름에는 가만히 앉아만 있어도 땀이 날 만큼 <u>무덥다</u>.　　　　　　(　　　)

10 [243005-0040]

아침에 빗방울이 보일 듯 말 듯한 <u>장대비</u>가 조용히 내렸다.　　　　(　　　)

11 [243005-0041]

누나는 자신의 키가 133센티미터이면서 140센티미터라고 <u>부풀려</u> 말
했다.　　　　　　　　　　　　　　　　　　　　　　　　　　(　　　)

낱말 활용

12 ~ 15 (　　　) 안에 알맞은 낱말을 보기에서 찾아 쓰세요.

> **보기**
>
> 매콤　　　비교　　　칭찬　　　화초

12 [243005-0042]
귤의 신맛을 레몬과 (　　　　　)하면 레몬이 훨씬 더 시다.

13 [243005-0043]
시들어 가는 (　　　　　)에 물을 주었더니 다시 싱싱해졌다.

14 [243005-0044]
고모는 라면을 (　　　　　)하게 먹고 싶다면서 라면에 고춧가루를 넣었다.

15 [243005-0045]
친구들이 모르는 것을 물어볼 때마다 친절하게 잘 알려 주는 은지를 (　　　　)하
고 싶다.

2주차 어휘 미리 보기

한 주 동안 공부할 어휘들이야. 쏙 한번 훑어볼까?

1회 국어 교과서 어휘

중심 내용	설명하다
파악하다	주변
간추리다	옷차림
질기다	필요하다
도구	재료

학습 계획일 ◯ 월 ◯ 일

2회 인물 교과서 어휘

위인	침착하다
빛내다	영향
편견	덕분
해시계	본받다
흔적	삶

학습 계획일 ◯ 월 ◯ 일

3회 국어 교과서 어휘

안부	옛이야기
첫인사	복
올림	맡다
문장 부호	치르다
감탄하는 문장	어리둥절하다

학습 계획일 ◯ 월 ◯ 일

4회 수학 교과서 어휘

멀리	시각
1미터	1분
줄자	1시간
길이의 합	오전
길이의 차	이동하다

학습 계획일 ◯ 월 ◯ 일

5회 한자 어휘

해외	후식
해산물	후퇴
해수욕	후회
항해	후문

학습 계획일 ◯ 월 ◯ 일

어휘력 테스트

수록 교과서 국어 2-2 ㉑
3. 내용을 살펴요

다음 중 낱말의 뜻을 잘 알고 있는 것에 ✔ 하세요.
☐ 중심 내용 ☐ 파악하다 ☐ 간추리다 ☐ 질기다 ☐ 도구

✏️ 낱말을 읽고, 부분에 밑줄을 그으면서 낱말 공부를 해 보세요.

중심 내용

뜻 글에서 가장 중요한 내용.

예 글쓴이가 하고 싶은 말과 그 까닭을 찾아보면 글의 중심 내용을 알 수 있어요.

'중심'은 매우 중요하고 기본이 되는 부분을 뜻해.

따라 써요!

| 중 | 심 | | 내 | 용 |

파악하다

뜻 어떤 대상의 내용이나 성질을 확실하게 이해하여 알다.

예 글의 중심 내용을 파악하기 위해 중요한 문장에 밑줄을 그으며 글을 읽었어요.

따라 써요!

| 파 | 악 | 하 | 다 |

이것만은 꼭!

간추리다

뜻 글이나 말에서 중요한 점만 골라 간단하게 정리하다.

예 글을 읽고 중요한 문장들을 연결해 글을 간추렸어요.

뜻이 비슷한 말 요약하다

'요약하다'는 "글이나 말에서 중요한 것을 골라 짧게 만들다."라는 뜻이야. '간추리다'와 '요약하다'는 뜻이 비슷해서 서로 바꾸어 쓸 수 있어.

따라 써요!

| 간 | 추 | 리 | 다 |

질기다

뜻 물건이 쉽게 닳거나 끊어지지 않고 견디는 힘이 세다.

예 한지는 질겨서 오랜 시간이 지난 후에도 잘 찢어지지 않아요.

뜻이 반대되는 말 **연하다**

'연하다'는 "단단하지 않고 부드럽다."라는 뜻이야. "고기가 연해서 먹기 좋아요."와 같이 쓰여.

따라 써요! | 질 | 기 | 다 |

도구

뜻 일을 할 때 쓰는 물건.

예 빗자루, 부채, 맷돌 등은 옛날에 우리 조상들도 사용한 생활 도구예요.

▲ 빗자루　　　▲ 부채　　　▲ 맷돌

따라 써요! | 도 | 구 |

자주 틀리는 맞춤법

예문 '토마토'는 거꾸로 말해도 '토마토'예요.

다음 중 낱말의 뜻을 잘 알고 있는 것에 ☑ 하세요.

☐ 설명하다　☐ 주변　☐ 옷차림　☐ 필요하다　☐ 재료

✏️ 낱말을 읽고, ▭ 부분에 밑줄을 그으면서 낱말 공부를 해 보세요.

이것만은 꼭!

설명하다

뜻 어떤 것을 상대편이 잘 알 수 있도록 밝혀 말하다.

예 이 글은 반달가슴곰의 발자국에 대해 설명하고 있어요.

✏️ 따라 써요!

| 설 | 명 | 하 | 다 |

주변

뜻 어떤 대상의 둘레.

예 무엇에 대해 글을 쓸지 정하기 위해 주변에 있는 물건을 살펴보았어요.

뜻이 비슷한 말 **언저리**

'언저리'는 어떤 물건이나 장소를 둘러싼 가장자리를 뜻해. '주변'과 '언저리'는 뜻이 비슷해서 서로 바꾸어 쓸 수 있어.

✏️ 따라 써요!

| 주 | 변 |

옷차림

뜻 옷을 입은 모양.

예 장소에 어울리는 옷차림을 해야 해요.

✏️ 따라 써요!

| 옷 | 차 | 림 |

'옷차림'을
'복장'이라고도 해.

필요하다

뜻 꼭 있어야 하다.

예 윷놀이를 하려면 윷, 윷판, 말이 필요해요.

[관련 어휘] **불필요하다**

'불필요하다'는 "필요하지 않다."라는 뜻이야. "날씨가 더울 때에는 털장갑이 불필요해요."와 같이 쓰여.

✎ 따라 써요!

필	요	하	다

재료

뜻 물건을 만드는 데 들어가는 것.

예 떡볶이를 만들 때 필요한 재료에는 가래떡, 고추장, 파 등이 있어요.

✎ 따라 써요!

재	료

헷갈리는 우리말

어른께 물을 드릴 때에는 쟁반에 받쳐야 한단다.

할머니, 할아버지, 여기요.

쟁반을 바치라는 게 아니라 물잔 밑에 쟁반을 대라는 말이었어.

저는 쟁반을 드리라는 줄 알았어요.

도움말 "물건의 밑이나 옆 등에 다른 물체를 대다."라는 뜻의 낱말은 '받치다'이고, "웃어른에게 정중하게 드리다."라는 뜻의 낱말은 '바치다'예요.

✏️ 44~45쪽에서 공부한 낱말을 떠올리며 문제를 풀어 보세요.

1 [243005-0046]
뜻에 알맞은 낱말이 되도록 에서 알맞은 글자를 찾아 쓰세요.

> 구 악 중 추 파

(1) 일을 할 때 쓰는 물건.

도	

(2) 글에서 가장 중요한 내용.

	심	내	용

(3) 글이나 말에서 중요한 점만 골라 간단하게 정리하다.

간		리	다

(4) 어떤 대상의 내용이나 성질을 확실하게 이해하여 알다.

		하	다

2 [243005-0047]
밑줄 친 낱말과 뜻이 반대되는 말은 무엇인가요? (   )

> 청바지는 질긴 옷감으로 만들어서 오래 입을 수 있다.

① 나쁘다   ② 두껍다   ③ 멋있다
④ 비싸다   ⑤ 연하다

3 [243005-0048]
문장에 어울리는 낱말을 (   ) 안에서 골라 ○표 하세요.

(1) 가위는 종이, 천, 머리카락 등을 자르는 (도구 , 요구)이다.

(2) 딴생각을 하며 책을 읽으면 책의 내용을 제대로 (구입 , 파악)하지 못한다.

(3) 언니가 만화 영화의 내용을 (간추려 , 빠뜨려) 말해 주어서 만화 영화를 보지 않았지만 어떤 내용인지 알고 있다.

46～47쪽에서 공부한 낱말을 떠올리며 문제를 풀어 보세요.

4 [243005-0049]

낱말의 뜻을 에서 찾아 사다리를 타고 내려간 곳에 기호를 쓰세요.

보기
㉠ 옷을 입은 모양.
㉡ 물건을 만드는 데 들어가는 것.
㉢ 어떤 것을 상대편이 잘 알 수 있도록 밝혀 말하다.

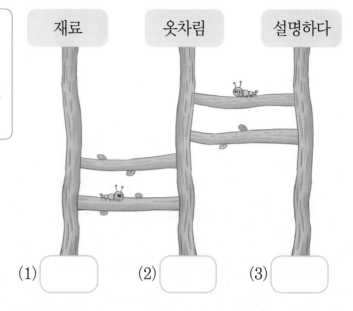

재료   옷차림   설명하다

(1) ☐   (2) ☐   (3) ☐

5 [243005-0050]

밑줄 친 낱말과 뜻이 비슷한 말을 ▓▓▓에 있는 글자로 만들어 쓰세요.

공사장 <u>주변</u>은 위험하므로 조심해서 다녀야 해.

저   언   리

6 [243005-0051]

빈칸에 들어갈 알맞은 낱말을 찾아 선으로 이으세요.

(1) 동생의 생일 선물을 사려면 삼천 원이 ☐하다.   •

• ㉠  설명

(2) 친구들에게 수건돌리기 하는 방법을 ☐해 주었다.   •

• ㉡  재료

(3) 아빠께서 햄, 달걀, 당근 등 여러 가지 ☐를 넣고 볶음밥을 만드셨다.   •

• ㉢  필요

다음 중 낱말의 뜻을 잘 알고 있는 것에 ✔ 하세요.

☐ 위인 ☐ 빛내다 ☐ 편경 ☐ 해시계 ☐ 흔적

책 표지에 있는 인물들의 공통점은 무엇일까? 맞아, 모두 훌륭한 일을 한 위인이야. 위인들의 이름을 한 번씩 불러 보고 낱말 공부를 시작해 볼까?

✏️ 낱말을 읽고,　　　　부분에 밑줄을 그으면서 낱말 공부를 해 보세요.

 이것만은 꼭!

위인

뜻 뛰어나고 훌륭한 사람.

예 내가 좋아하는 위인은 한글을 만든 세종 대왕이에요.

관련 어휘 위인전
뛰어나고 훌륭한 사람이 살아온 이야기와 한 일을 적은 글이나 책을 '위인전'이라고 해.

✏️ 따라 써요!

위	인

빛내다

뜻 어떤 것을 훌륭하거나 뛰어난 것으로 만들다.

예 강감찬과 이순신은 우리나라를 빛낸 장군이에요.

✏️ 따라 써요!

빛	내	다

편경

뜻 두께가 다른 기역(ㄱ) 자 모양의 돌 16개를 나무틀에 매달고 방망이로 쳐서 소리를 내는 악기.

예 박연은 세종 대왕의 명령을 받고 새로운 편경을 만들었어요.

따라 써요!

편	경

해시계

뜻 햇빛에 의해 생기는 그림자를 이용해 시간을 재는 시계.

예 장영실은 해시계의 한 종류인 앙부일구를 만들었어요.

관련 어휘 물시계

'물시계'는 물이 일정한 속도로 떨어지는 것을 이용해 시간을 재는 시계야. 장영실이 만든 자격루는 물시계에 속해.

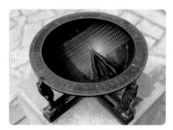
▲ 앙부일구

▲ 자격루

따라 써요!

해	시	계

흔적

뜻 어떤 현상이나 사물이 없어지거나 지나간 뒤에 남겨진 것.

예 만 원짜리 지폐에서 세종 대왕의 흔적을 찾을 수 있어요.

따라 써요!

흔	적

세종 대왕의 얼굴 모습

다음 중 낱말의 뜻을 잘 알고 있는 것에 ✓ 하세요.

☐ 침착하다 ☐ 영향 ☐ 덕분 ☐ 본받다 ☐ 삶

✏️ 낱말을 읽고, ⬜ 부분에 밑줄을 그으면서 낱말 공부를 해 보세요.

침착하다

뜻 어떤 일에 흥분하지 않고 차분하다.

예 나는 급하고 정신없을 때 이순신 장군의 "침착하게 태산같이 무겁게 행동하라."라는 말을 떠올리며 마음을 가라앉히기로 했어요.

✏️ 따라 써요!

침	착	하	다

영향

뜻 어떤 것의 효과나 작용이 다른 것에 미치는 일.

예 책을 즐겨 읽는 누나의 영향을 받아 나도 책 읽기를 좋아해요.

✏️ 따라 써요!

영	향

덕분

뜻 베풀어 준 은혜나 도움.

예 채소의 좋은 점을 알려 주신 부모님 덕분에 채소를 잘 먹게 되었어요.

'덕분'은 '덕택' 또는 '덕'이라고도 해.
'부모님 덕분에', '부모님 덕택에', '부모님 덕에'는 모두
'부모님의 도움이 있어서'라는 뜻이야.

 따라 써요!

덕	분

2
주차

1회
2회
3회
4회
5회

본받다

뜻 옳거나 훌륭해 배우고 따를 만한 대상을 그대로 따라 하다.

예 물 한 방울도 소중히 여기며 절약하시는 할머니를 본받고 싶어요.

관련 어휘 **본**

'본받다'에서 '본'은 옳거나 훌륭해 배우고 따를 만한 대상을 뜻하며 '본보기'라고도 해. "신사임당은 훌륭한 어머니의 본으로 꼽혀요."와 같이 쓰여.

 따라 써요!

본	받	다

 이것만은 꼭!

삶

뜻 사는 일. 또는 살아 있음.

예 소방관은 자신보다 남의 목숨을 더 소중히
여기고 남을 위해 애쓰는 삶을 살아요.

'삶'은 [삼]으로,
'삶을'은 [살믈]로
발음해.

뜻이 반대되는 말 **죽음**

'죽음'은 죽는 일을 뜻해. "백성들은 이순신 장군의 죽음을 슬퍼했어요."
와 같이 쓰여.

 따라 써요!

삶

✏️ 50~51쪽에서 공부한 낱말을 떠올리며 문제를 풀어 보세요.

1 [243005-0052]

낱말의 뜻을 찾아 선으로 이으세요.

(1) 위인 •

(2) 편경 •

(3) 해시계 •

• ㉠ 뛰어나고 훌륭한 사람.

• ㉡ 햇빛에 의해 생기는 그림자를 이용해 시간을 재는 시계.

• ㉢ 두께가 다른 기역(ㄱ) 자 모양의 돌 16개를 나무틀에 매달고 방망이로 쳐서 소리를 내는 악기.

2 [243005-0053]

밑줄 친 낱말의 쓰임이 알맞은 것에 ○표 하세요.

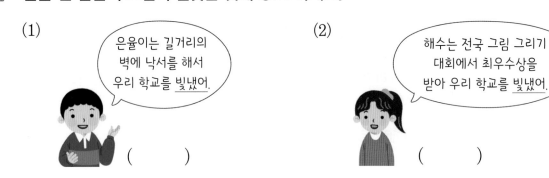

(1) 은율이는 길거리의 벽에 낙서를 해서 우리 학교를 빛냈어.

( )

(2) 해수는 전국 그림 그리기 대회에서 최우수상을 받아 우리 학교를 빛냈어.

( )

3 [243005-0054]

( ) 안에 알맞은 낱말을 보기에서 찾아 쓰세요.

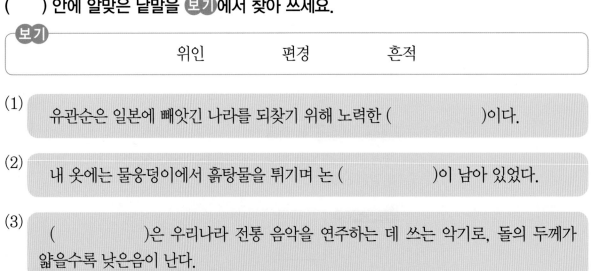

보기

위인   편경   흔적

(1) 유관순은 일본에 빼앗긴 나라를 되찾기 위해 노력한 ( )이다.

(2) 내 옷에는 물웅덩이에서 흙탕물을 튀기며 논 ( )이 남아 있었다.

(3) ( )은 우리나라 전통 음악을 연주하는 데 쓰는 악기로, 돌의 두께가 얇을수록 낮은음이 난다.

52~53쪽에서 공부한 낱말을 떠올리며 문제를 풀어 보세요.

4 [243005-0055]

뜻에 알맞은 낱말을 글자판에서 찾아 묶으세요.(낱말은 가로(—), 세로(ㅣ) 방향에 숨어 있어요.)

언	덕	분	리
교	환	영	본
기	승	향	받
침	착	하	다

❶ 베풀어 준 은혜나 도움.

❷ 어떤 일에 흥분하지 않고 차분하다.

❸ 어떤 것의 효과나 작용이 다른 것에 미치는 일.

❹ 옳거나 훌륭해 배우고 따를 만한 대상을 그대로 따라 하다.

5 [243005-0056]

밑줄 친 낱말과 뜻이 반대되는 말은 무엇인가요? (   )

강감찬 장군이 어떤 <u>삶</u>을 살았는지 궁금해서 책을 읽었다.

① 모습   ② 생각   ③ 생활

④ 목숨   ⑤ 죽음

6 [243005-0057]

문장에 어울리는 낱말을 (   ) 안에서 골라 ○표 하세요.

(1) 불이 났을 때에는 당황하지 말고 (친절 , 침착)하게 대피해야 한다.

(2) 수영 선수인 고모는 내가 수영을 좋아하는 데 많은 (고향 , 영향)을 주었다.

(3) 오빠는 이순신 장군의 지혜로움과 용감함을 (본받고 , 흉보고) 싶다고 한다.

(4) 나는 할아버지께서 한글을 가르쳐 주신 (기분 , 덕분)에 한글을 읽고 쓰게 되었다.

2회 끝!
붙임딱지

다음 중 낱말의 뜻을 잘 알고 있는 것에 ☑ 하세요.
☐ 안부 ☐ 첫인사 ☐ 올림 ☐ 문장 부호 ☐ 감탄하는 문장

✏️ 낱말을 읽고, ▨ 부분에 밑줄을 그으면서 낱말 공부를 해 보세요.

안부

뜻 어떤 사람이 편안하게 잘 지내는지에 대한 소식.

예 전학 간 친구의 안부가 궁금해 편지를 썼어요.

✏️ 따라 써요!

첫인사

뜻 사람을 처음 만났을 때나 편지에서 처음으로 하는 인사.

예 수아는 진호에게 편지를 쓰면서 "진호야, 안녕? 나 수아야."라고 첫인사를 썼어요.

관련 어휘 **끝인사**

'끝인사'는 헤어질 때나 일을 마쳤을 때 또는 편지에서 끝맺음을 할 때 하는 인사를 뜻해. "수아는 진호에게 편지를 쓰면서 '그럼 안녕.'이라고 끝인사를 썼어요."와 같이 쓰여.

✏️ 따라 써요!

올림

뜻 웃어른에게 편지를 쓸 때 쓴 사람의 이름 뒤에 붙이는 말.

예 혜수는 선생님께 쓰는 편지의 끝에 "백혜수 올림"이라고 썼어요.

✏️ 따라 써요!

 **이것만은 꼭!**

문장 부호

뜻 문장의 뜻을 잘 나타내기 위해 쓰는 여러 가지 부호.

예 물음표(?)는 무엇인가를 물어보는 문장의 끝에 쓰는 **문장 부호**예요.

문장 부호	.	,	?	!
이름	마침표	쉼표	물음표	느낌표

문장 부호에는 큰따옴표(" "), 작은따옴표(' '), 말줄임표(……) 등도 있어.

✏️ 따라 써요!

문	장	부	호

감탄하는 문장

뜻 기쁨, 슬픔, 놀람 등의 느낌을 나타내는 문장.

예 "정말 맛있구나!"라는 문장은 **감탄하는 문장**이에요.

'감탄하다'는 "마음속 깊이 크게 느끼다."라는 뜻이야.

관련 어휘 **설명하는 문장, 묻는 문장**

• 설명하는 문장: "나는 축구를 좋아한다."와 같이 무엇을 설명하는 문장.
• 묻는 문장: "우체국이 어디 있나요?"와 같이 무엇인가를 물어보는 문장.

✏️ 따라 써요!

감	탄	하	는	문	장

자주 틀리는 맞춤법

예문 닭을 **통째로** 기름에 튀겨 먹었어요.

수록 교과서 국어 2-2 ㉮
4. 마음을 전해요

다음 중 낱말의 뜻을 잘 알고 있는 것에 ✔ 하세요.
☐ 옛이야기 ☐ 복 ☐ 맡다 ☐ 치르다 ☐ 어리둥절하다

✏️ 낱말을 읽고, ▨▨▨ 부분에 밑줄을 그으면서 낱말 공부를 해 보세요.

옛이야기

🔵뜻 예전부터 전해져 내려오는 이야기.
🔵예 옛이야기 「송아지와 바꾼 무」를 읽었어요.

'옛이야기'를 '옛날이야기'라고도 해.

✏️따라 써요!

| 옛 | 이 | 야 | 기 |

복

🔵뜻 살면서 누리는 행운.
　　└─◎ 생활 속에서 마음껏 즐기거나 직접 겪는 것을 뜻해.
🔵예 사또에게 커다란 무를 선물하고 송아지를 받은 농부처럼 착하게 살면 복을 받아요.

✏️따라 써요!

| 복 |

 이것만은 꼭!

맡다

🔵뜻 코로 냄새를 느끼다.
🔵예 젊은이가 국밥집 앞을 지나가다가 국밥 냄새를 맡았어요.

글자는 같지만 뜻이 다른 낱말 **맡다**

"책임을 지고 어떤 일을 하다."라는 뜻을 가진 낱말도 '맡다'야. "나는 학급 문고를 정리하는 일을 맡았어요."와 같이 쓰여.

✏️따라 써요!

| 맡 | 다 |

치르다

뜻 주어야 할 돈을 내주다.

예 국밥집 주인이 젊은이에게 국밥 냄새를 맡은 값을 치르라고 했어요.

 치르다

'치르다'는 "무슨 일을 겪어 내다."라는 뜻도 가지고 있어. "오빠가 한자 급수 시험을 치렀어요."와 같이 쓰여.

✏️ 따라 써요!

치	르	다

'치르다'를 '치루다'로 쓰면 안 돼.

어리둥절 하다

뜻 무슨 일인지 잘 몰라서 얼떨떨하다.

예 국밥집 주인은 젊은이가 돈은 주지 않고 엽전을 흔드는 소리만 들려주자 어리둥절한 표정을 지었어요.

✏️ 따라 써요!

어	리	둥	절	하	다

'얼떨떨하다'는 생각하지 못한 일로 당황하거나 정신을 못 차리는 것을 뜻해.

헷갈리는 우리말

오늘 왜 피아노 학원 안 왔어?

몸살을 알아서 못 갔어.

몸살에 대해 뭘 알았는데?

아니, 몸살로 아프다고.

아, 몸살에 걸렸구나! 푹 쉬어.

예문 감기에 걸려 하루 종일 끙끙 앓았어요.

✏️ 56～57쪽에서 공부한 낱말을 떠올리며 문제를 풀어 보세요.

1 [243005-0058]
빈칸에 들어갈 낱말은 무엇인지 알맞은 글자를 모두 골라 ○표 하세요.

(1) 어떤 사람이 편안하게 잘 지내는지에 대한 소식을 ☐☐라고 한다.

| 안 | 기 | 사 | 부 | 내 |

(2) 기쁨, 슬픔, 놀람 등의 느낌을 나타내는 문장을 ☐☐하는 문장이라고 한다.

| 설 | 감 | 각 | 명 | 탄 |

(3) 사람을 처음 만났을 때나 편지에서 처음으로 하는 인사를 ☐☐☐라고 한다.

| 눈 | 끝 | 첫 | 인 | 사 |

2 [243005-0059]
빈칸에 알맞은 말을 쓰세요.

마침표(.), 쉼표(,), 물음표(?), 느낌표(!) 등과 같이 문장의 뜻을 잘 나타내기 위해 쓰는 여러 가지 부호를 '☐☐ 부호'라고 한다.

3 [243005-0060]
( ) 안에 알맞은 낱말을 보기 에서 찾아 쓰세요.

┌─ 보기 ─────────────────────────┐
│   감탄   안부   올림   │
└──────────────────────────────┘

(1) 할머니께 전화를 걸어 잘 지내고 계시는지 (   )를 여쭈어 보았다.

(2) 작은 씨앗을 보고 "씨앗이 참 작구나!"와 같이 (   )하는 문장을 사용해 말했다.

(3) 편지를 쓸 때 편지를 받을 사람이 웃어른이면 쓴 사람 이름 뒤에 '(   )' 을 써야 한다.

58~59쪽에서 공부한 낱말을 떠올리며 문제를 풀어 보세요.

[243005-0061]

4 뜻에 알맞은 낱말을 보기 에서 찾아 쓰세요.

보기

옛이야기   치르다   복

(1) [ ]   살면서 누리는 행운.

(2) [ ]   주어야 할 돈을 내주다.

(3) [ ]   예전부터 전해져 내려오는 이야기.

[243005-0062]

5 밑줄 친 낱말과 같은 뜻으로 쓰인 것에 ○표 하세요.

장미꽃에 다가가 향기를 맡았어.

(1) 내 짝은 발표회에서 사회를 맡았다. (   )

(2) 강아지 산책은 아빠와 내가 맡기로 했다. (   )

(3) 갈비 냄새를 맡으니 입안에 침이 고인다. (   )

[243005-0063]

6 문장에 어울리는 낱말을 (   ) 안에서 골라 ○표 하세요.

(1) 엄마께서 음식값을 (자르기 , 치르기) 위해 지갑에서 돈을 꺼내셨다.

(2) 제비의 부러진 다리를 고쳐 준 흥부는 (벌 , 복)을 받아 부자가 되었다.

(3) 나와 재미있는 이야기를 나누다가 친구가 갑자기 엉엉 울어서 (어리둥절했다 , 자랑스러웠다).

3회 끝!
붙임딱지

다음 중 낱말의 뜻을 잘 알고 있는 것에 ✓ 하세요.

☐ 멀리 ☐ 1미터 ☐ 줄자 ☐ 길이의 합 ☐ 길이의 차

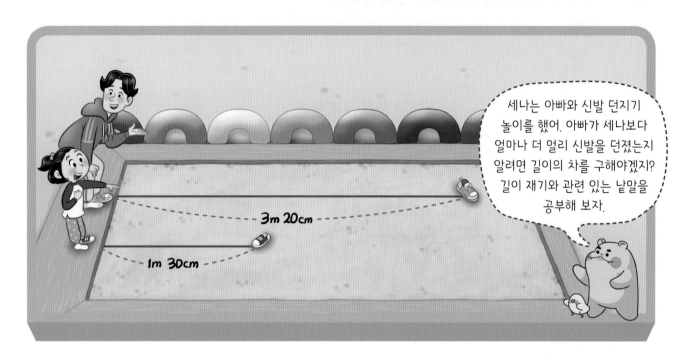

세나는 아빠와 신발 던지기 놀이를 했어. 아빠가 세나보다 얼마나 더 멀리 신발을 던졌는지 알려면 길이의 차를 구해야겠지? 길이 재기와 관련 있는 낱말을 공부해 보자.

3m 20cm

1m 30cm

✏️ 낱말을 읽고,   부분에 밑줄을 그으면서 낱말 공부를 해 보세요.

멀리

뜻 거리가 많이 떨어지게.

예 누가 제자리에서 더 멀리 뛰는지 친구와 시합했어요.

뜻이 반대되는 말 가까이

'가까이'는 "거리가 조금 떨어져 있게."라는 뜻이야. "이쪽으로 가까이 와."와 같이 쓰여.

따라 써요!

| 멀 | 리 |

1미터

이것만은 꼭!

뜻 100cm와 같은 길이.

예 1m는 1미터라고 읽어요.

따라 써요!

| 1 | 미 | 터 |

① ② ③
1m

줄자

뜻 헝겊이나 강철로 띠처럼 만든 자.

예 줄자로 책상의 길이를 재요.

관련 어휘 곧은자

대나무나 플라스틱 등으로 만든 가늘고 판판한 자를 '곧은자'라고 해. 곧은자는 곧은 선을 긋거나 길이를 잴 때 사용해.

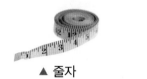 

▲ 줄자　　　　　　　　　　▲ 곧은자

따라 써요!

줄	자

길이의 합

뜻 둘 이상의 길이를 더한 값.

예 두 개의 색 테이프의 길이의 합을 구하면 2m 30cm예요.

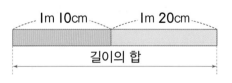

길이의 합

따라 써요!

길	이	의	합

길이의 차

뜻 긴 길이에서 짧은 길이를 뺀 나머지.

예 길이가 다른 두 색 테이프의 길이의 차를 구하면 1m 30cm예요.

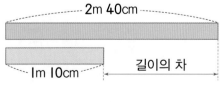

2m 40cm

1m 10cm　　　　길이의 차

따라 써요!

길	이	의	차

다음 중 낱말의 뜻을 잘 알고 있는 것에 ✔ 하세요.

☐ 시각 ☐ 1분 ☐ 1시간 ☐ 오전 ☐ 이동하다

기차를 타러 온 사람들이 시간을 확인하며 기차를 기다리고 있어. 우리 생활과 매우 밀접한 시각, 시간과 관련 있는 낱말을 공부해 보자.

✏️ 낱말을 읽고, 부분에 밑줄을 그으면서 낱말 공부를 해 보세요.

 이것만은 꼭!

시각

뜻 시간의 어느 한 때.

예 오늘 아침에 내가 일어난 시각은 7시 40분이에요.

'시각'은 시곗바늘이 가리키는 때를 말해.

관련 어휘 시간

'시간'은 어떤 시각에서 어떤 시각까지의 사이를 뜻해. "수업을 하는 데 걸린 시간은 40분이에요."와 같이 써. '시간'은 '시각'과 같은 뜻도 가지고 있어서 '약속 시각'을 '약속 시간'이라고도 해.

9:00   9:40
시각   시간   시각

✏️ 따라 써요!

시	각

1분

뜻 시계에서 긴바늘이 가리키는 작은 눈금 한 칸의 시간.

예 시계의 긴바늘이 한 칸 움직일 때마다 1분씩 늘어나요.

✏️ 따라 써요!

| 1 | 분 |

1시간

뜻 시계의 긴바늘이 한 바퀴를 도는 데 걸리는 시간.

예 1시간은 60분이에요.

시계의 긴바늘이 한 바퀴를 도는 데 60분이 걸리고, 60분은 1시간이야.

✏️ 따라 써요!

| 1 | 시 | 간 |

오전

뜻 밤 12시부터 낮 12시까지의 시간.

예 오전 11시에 놀이터에서 친구를 만났어요.

뜻이 반대되는 말 **오후**

'오후'는 낮 12시부터 밤 12시까지의 시간을 뜻해. "기차를 타고 부산에 오후 3시에 도착했어요."와 같이 쓰여.

✏️ 따라 써요!

| 오 | 전 |

이동하다

뜻 움직여 옮기거나 자리를 바꾸다.

예 우리 집에서 자동차를 타고 박물관까지 이동하는 데 1시간 10분이 걸렸어요.

✏️ 따라 써요!

| 이 | 동 | 하 | 다 |

✏️ 62~63쪽에서 공부한 낱말을 떠올리며 문제를 풀어 보세요.

1 [243005-0064]
빈칸에 들어갈 낱말은 무엇인지 알맞은 글자를 모두 골라 ○표 하세요.

(1)
100cm와 같은 길이를 1◻◻라고 한다.

| 센 | 티 | 미 | 밀 | 터 |

(2)
헝겊이나 강철로 띠처럼 만든 자를 ◻◻라고 한다.

| 글 | 곧 | 은 | 줄 | 자 |

2 [243005-0065]
밑줄 친 낱말과 뜻이 반대되는 말은 무엇인가요? (   )

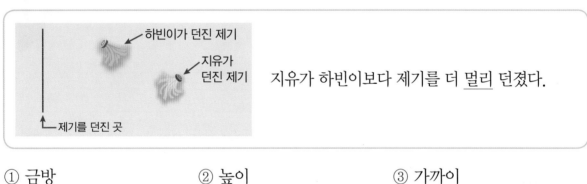

→ 하빈이가 던진 제기
→ 지유가 던진 제기
↳ 제기를 던진 곳

지유가 하빈이보다 제기를 더 <u>멀리</u> 던졌다.

① 금방
② 높이
③ 가까이
④ 진짜로
⑤ 천천히

3 [243005-0066]
(   ) 안에서 알맞은 말을 골라 ○표 하세요.

(1)
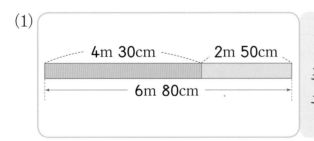

4m 30cm · 2m 50cm
6m 80cm

분홍색 테이프 4m 30cm와 연두색 테이프 2m 50cm의 길이의 (합 , 차)을/를 구하면 6m 80cm이다.

(2)
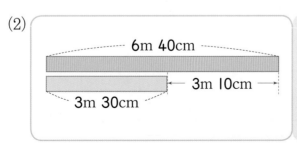

6m 40cm
3m 10cm
3m 30cm

분홍색 테이프 6m 40cm와 연두색 테이프 3m 30cm의 길이의 (합 , 차)을/를 구하면 3m 10cm이다.

64~65쪽에서 공부한 낱말을 떠올리며 문제를 풀어 보세요.

[243005-0067]

4 낱말의 뜻을 에서 찾아 사다리를 타고 내려간 곳에 기호를 쓰세요.

> **보기**
> ㉠ 시간의 어느 한 때.
> ㉡ 밤 l2시부터 낮 l2시까지의 시간.
> ㉢ 시계의 긴바늘이 한 바퀴를 도는 데 걸리는 시간.
> ㉣ 시계에서 긴바늘이 가리키는 작은 눈금 한 칸의 시간.

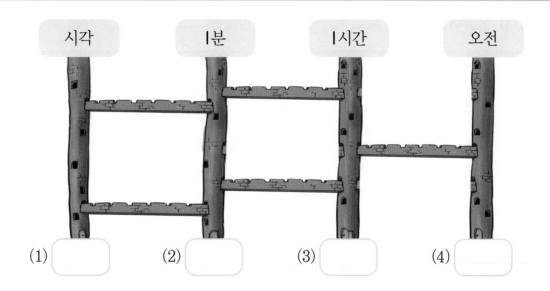

시각   l분   l시간   오전

(1) [ ]   (2) [ ]   (3) [ ]   (4) [ ]

[243005-0068]

5 문장에 어울리는 낱말을 ( ) 안에서 골라 ○표 하세요.

(1) 우리 학교는 l교시 수업을 (오전 , 오후) 9시에 시작한다.

(2) 친구들은 공놀이를 하기 위해 운동장으로 (이동 , 이사)했다.

(3) 길이 많이 막혀서 버스를 타고 집에 오는 데 (l분 , l시간)이나 걸렸다.

4회 끝!
붙임딱지

海 (해)가 들어간 낱말

모양	뜻	음
海	바다	해

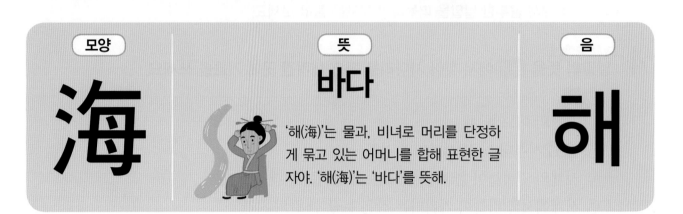

'해(海)'는 물과, 비녀로 머리를 단정하게 묶고 있는 어머니를 합해 표현한 글자야. '해(海)'는 '바다'를 뜻해.

✏️ '海(해)'가 들어간 낱말을 읽고, ⬚ 부분에 밑줄을 그으면서 낱말 공부를 해 보세요.

해외 海外

바다 해 / 바깥 외

뜻 다른 나라를 이르는 말.

예 우리나라 물건은 품질이 좋아 해외에서도 인기가 많아요.

관련 어휘 외국
'외국'은 자기 나라가 아닌 다른 나라를 뜻해. "외국 사람에게 길을 알려 주었어요."와 같이 쓰여.

해산물 海産物
바다 해 / 날 산 / 물건 물

👆 '산(産)'의 대표 뜻은 '낳다'야.

뜻 바다에서 나는 동물과 식물.

예 시장에는 조개, 새우, 갈치, 미역, 김 등의 해산물을 파는 가게가 많았어요.

'해산물'을 '해물'이라고도 해.

해수욕 海水浴

바다 해 / 물 수 / 목욕할 욕

뜻 바닷물에서 헤엄을 치거나 즐기며 놂.

예 여름에는 신나게 해수욕을 즐겨요.

항해 航海

배 항 / 바다 해

뜻 배를 타고 바다 위를 다님.

예 큰 배가 넓은 바다로 항해를 떠나요.

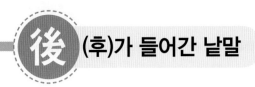 **後 (후)가 들어간 낱말**

모양	뜻	음
後	뒤	후

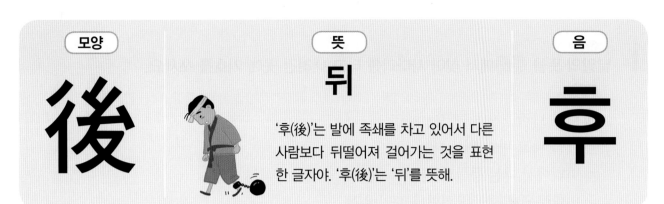

'후(後)'는 발에 족쇄를 차고 있어서 다른 사람보다 뒤떨어져 걸어가는 것을 표현한 글자야. '후(後)'는 '뒤'를 뜻해.

✏️ '後(후)'가 들어간 낱말을 읽고, [   ] 부분에 밑줄을 그으면서 낱말 공부를 해 보세요.

후식   後 뒤 후   食 먹을 식

뜻 식사 뒤에 먹는 간단한 음식.

예 식당에서 수박을 **후식**으로 주었어요.

후퇴   後 뒤 후   退 물러날 퇴

뜻 뒤로 물러남.

예 우리 군사들이 세차게 공격하자 적군이 **후퇴**를 했어요.

뜻이 비슷한 말 [퇴각]

'퇴각'은 "뒤로 물러감."이라는 뜻이야. '후퇴'와 '퇴각'은 뜻이 비슷해서 서로 바꾸어 쓸 수 있어.

후회   後 뒤 후   悔 뉘우칠 회

뜻 이전의 잘못을 깨닫고 뉘우침.

예 감기에 걸린 도영이는 어제 비를 맞으며 논 것을 **후회**했어요.

비를 맞으며 놀지 말걸……

후문   後 뒤 후   門 문 문

뜻 집이나 건물의 뒤나 옆으로 난 문.

예 학교 **후문**으로 나가면 맛있는 떡볶이집이 있어요.

'후문'을 '뒷문'이라고도 해.

✏️ 68쪽에서 공부한 낱말을 떠올리며 문제를 풀어 보세요.

1 [243005-0069]

낱말의 뜻을 보기 에서 찾아 사다리를 타고 내려간 곳에 기호를 쓰세요.

보기

㉠ 다른 나라를 이르는 말.

㉡ 배를 타고 바다 위를 다님.

㉢ 바다에서 나는 동물과 식물.

㉣ 바닷물에서 헤엄을 치거나 즐기며 놂.

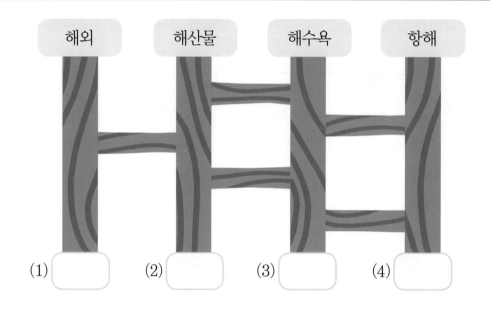

해외　　해산물　　해수욕　　항해

(1) 　　(2) 　　(3) 　　(4)

2 [243005-0070]

( ) 안에 알맞은 낱말을 보기 에서 찾아 쓰세요.

보기

항해　　해외　　해산물　　해수욕

(1) 나는 ( ) 가운데에서도 특히 오징어를 좋아한다.

(2) 그 배는 오랜 시간 ( )를 한 끝에 육지에 도착했다.

(3) 바다에 가면 모래성도 쌓고 ( )도 할 수 있어서 좋다.

(4) 삼촌은 ( )로 여행을 자주 다녀 외국의 문화를 많이 안다.

69쪽에서 공부한 낱말을 떠올리며 문제를 풀어 보세요.

3 [243005-0071]
뜻에 알맞은 낱말이 되도록 **보기** 에서 알맞은 글자를 찾아 쓰세요.

> **보기**
>
> 후　　　　　　회　　　　　　식

(1) 식사 뒤에 먹는 간단한 음식. → | 후 | |

(2) 이전의 잘못을 깨닫고 뉘우침. → | 후 | |

(3) 집이나 건물의 뒤나 옆으로 난 문. → | | 문 |

4 [243005-0072]
밑줄 친 낱말과 뜻이 비슷한 말은 무엇인가요? (　　　　)

> 장군은 적들의 수가 너무 많으니 후퇴를 하라고 명령했다.

① 방해　　　　　　② 전진　　　　　　③ 퇴각
④ 퇴원　　　　　　⑤ 훈련

5 [243005-0073]
밑줄 친 낱말의 쓰임이 알맞으면 ○표, 알맞지 <u>않으면</u> ✕표 하세요.

(1) 저녁을 먹기 전에 <u>후식</u>으로 치즈케이크를 먹었다. (　　　　)

(2) 늦잠을 자서 학교에 지각한 은성이는 어제 늦게까지 텔레비전을 본 것을 <u>후회</u>했다.

(　　　　)

2주차에서 공부한 낱말을 떠올리며 문제를 풀어 보세요.

낱말 뜻

1 [243005-0074]

낱말과 그 뜻이 알맞게 짝 지어지지 않은 것은 무엇인가요? (   )

① 필요하다 – 꼭 있어야 하다.

② 어리둥절하다 – 무슨 일인지 잘 몰라서 얼떨떨하다.

③ 침착하다 – 마음이 가라앉지 않고 들떠서 두근거리다.

④ 설명하다 – 어떤 것을 상대편이 잘 알 수 있도록 밝혀 말하다.

⑤ 본받다 – 옳거나 훌륭해 배우고 따를 만한 대상을 그대로 따라 하다.

낱말 뜻

2 ~ 4 낱말의 뜻은 무엇인지 (   ) 안에서 알맞은 말을 골라 ○표 하세요.

2 [243005-0075]

| 1시간 | 시계의 (긴바늘 , 짧은바늘)이 한 바퀴를 도는 데 걸리는 시간.

3 [243005-0076]

| 올림 | (친구 , 웃어른)에게 편지를 쓸 때 쓴 사람의 이름 뒤에 붙이는 말.

4 [243005-0077]

| 편경 | 두께가 다른 기역(ㄱ) 자 모양의 돌 16개를 나무틀에 매달고 방망이로 쳐서 소리를 내는 (시계 , 악기).

뜻이 비슷한 말

5 [243005-0078]
밑줄 친 낱말과 뜻이 비슷한 말은 무엇인가요? (   )

> 아빠께서 샌드위치 만드는 방법을 <u>간추려</u> 말씀해 주셨다.

① 간직하다　　　　　② 상상하다　　　　　③ 요구하다
④ 요약하다　　　　　⑤ 퍼뜨리다

뜻이 반대되는 말

6 [243005-0079]
뜻이 반대되는 말끼리 짝 지어진 것이 <u>아닌</u> 것은 무엇인가요? (   )

① 삶 – 죽음　　　　　② 오전 – 오후　　　　　③ 주변 – 언저리
④ 멀리 – 가까이　　　⑤ 질기다 – 연하다

여러 가지 뜻을 가진 낱말

7 [243005-0080]
밑줄 친 낱말의 뜻으로 알맞은 것에 ○표 하세요.

> 문방구 주인에게 필통값을 <u>치러야</u> 하는데 500원이 모자랐다.

(1) 무슨 일을 겪어 내다. (   )

(2) 주어야 할 돈을 내주다. (   )

낱말 활용

8 [243005-0081]
감탄하는 문장을 사용해 말한 친구에게 ○표 하세요.

(1)

너는 밤에
몇 시에 자니?

(   )

(2)

강아지가 정말
귀엽구나!

(   )

(3)

도서관에서
책을 빌렸어.

(   )

낱말 활용

9~11 빈칸에 들어갈 알맞은 낱말을 찾아 선으로 이으세요.

9 [243005-0082]

꽃게는 내가 좋아하는 ☐ 중의 하나이다. •

• ㉠ 도구

10 [243005-0083]

빗자루와 쓰레받기는 청소할 때 필요한 ☐이다. •

• ㉡ 해산물

11 [243005-0084]

☐는 해가 진 뒤에는 시간을 잴 수 없어서 불편했다. •

• ㉢ 해시계

낱말 활용

12~15 (   ) 안에 알맞은 낱말을 보기에서 찾아 쓰세요.

보기
| 이동 | 줄자 | 흔적 | 옷차림 |

12 [243005-0085]
(   )로 아빠의 허리둘레를 쟀다.

13 [243005-0086]
가방에 넣어 둔 초콜릿이 (   )도 없이 사라졌다.

14 [243005-0087]
버스가 멈추자 앞자리에 앉아 있던 아주머니가 뒷자리로 (   )했다.

15 [243005-0088]
더운 날에는 두께가 얇고 소매가 짧은 옷을 입고 추운 날에는 두께가 두껍고 소매가 긴 옷을 입는 등 날씨에 따라 (   )이 달라진다.

3주차 어휘 미리 보기

한 주 동안 공부할 어휘들이야. 쓱 한번 훑어볼까?

1회 국어 교과서 어휘

가리키다, 가르치다	추억
작다, 적다	시간을 나타 내는 말
다르다, 틀리다	올해
바라다, 바래다	훗날
	만발하다

학습 계획일 ◯ 월 ◯ 일

2회 물건 교과서 어휘

적응하다	분해하다
최초	대신
발명하다	작동하다
위대하다	다루다
장치	행복하다

학습 계획일 ◯ 월 ◯ 일

3회 국어 교과서 어휘

공익 광고	매체
흥미	친숙하다
낭비하다	영상
채	집중하다
뒤숭숭하다	누리집

학습 계획일 ◯ 월 ◯ 일

4회 수학 교과서 어휘

달력	조사하다
날수	자료
요일	학용품
1주일	합계
1년	표

학습 계획일 ◯ 월 ◯ 일

5회 한자 어휘

지하	숫자
육지	한자
평지	자판
지평선	점자

학습 계획일 ◯ 월 ◯ 일

어휘력 테스트

다음 중 낱말의 뜻을 잘 알고 있는 것에 ✓ 하세요.

☐ 가리키다 ☐ 가르치다 ☐ 작다 ☐ 적다 ☐ 다르다 ☐ 틀리다 ☐ 바라다 ☐ 바래다

✏️ 낱말을 읽고, ▨ 부분에 밑줄을 그으면서 낱말 공부를 해 보세요.

가리키다

뜻 손가락 등으로 어떤 것을 집어서 보이거나 알리다.
예 손가락으로 그네를 가리켰어요.

따라 써요! 가 리 키 다

가르치다

뜻 지식이나 기술 등을 깨닫게 하거나 익히게 하다.
예 선생님께서 일기 쓰는 방법을 가르쳐 주셨어요.

따라 써요! 가 르 치 다

이것만은 꼭!

작다

뜻 길이, 넓이 등이 비교하는 것이나 보통보다 덜하다.
예 초록색 티셔츠가 빨간색 티셔츠보다 작아요.

뜻이 반대되는 말 **크다**
'크다'는 길이, 넓이 등이 보통 정도를 넘는다는 뜻이야. "나는 키가 커요."와 같이 쓰여.

작다 크다

따라 써요! 작 다

적다

뜻 수, 양 등이 일정한 기준에 미치지 못하다.
예 초코우유가 딸기우유보다 적어요.

뜻이 반대되는 말 **많다**
'많다'는 수, 양 등이 일정한 기준을 넘는다는 뜻이야. "도로에 차가 많아요."와 같이 쓰여.

적다 많다

따라 써요! 적 다

다르다

뜻 두 대상이 서로 같지 않다.

예 나와 누나는 서로 **다른** 과일을 좋아해요.

✏️ 따라 써요!

| 다 | 르 | 다 |

'다르다'와 뜻이 반대되는 말은 '같다'야.

틀리다

뜻 계산, 답, 사실 등이 맞지 않다.

예 수학 문제를 풀었는데 답이 **틀렸어요**.

✏️ 따라 써요!

| 틀 | 리 | 다 |

바라다

뜻 원하는 대로 어떤 일이 이루어졌으면 하고 생각하다.

예 이번 주말에 가족과 함께 놀이공원에 가기를 **바랐어요**.

✏️ 따라 써요!

| 바 | 라 | 다 |

바래다

뜻 볕이나 습기를 받아 색이 변하다.

예 할아버지께서 보여 주신 사진은 오래되어 색이 **바랬어요**.

✏️ 따라 써요!

| 바 | 래 | 다 |

자주 틀리는 맞춤법

| 우 | 리 | | 가 | 족 | 은 | | 벗 |
| 꽃 | | 축 | 제 | 에 | | 갔 | 다 | . |

그림일기를 잘 썼구나. 그런데 벚나무의 꽃을 뜻하는 벚꽃은 'ㅊ' 받침을 써야 해.

아하! 이렇게 쓰면 되죠?

그래.

예문 우리 가족은 활짝 핀 **벚꽃** 아래에서 사진을 찍었어요.

다음 중 낱말의 뜻을 잘 알고 있는 것에 ☑ 하세요.

☐ 추억 ☐ 시간을 나타내는 말 ☐ 올해 ☐ 훗날 ☐ 만발하다

✏️ 낱말을 읽고, ▨ 부분에 밑줄을 그으면서 낱말 공부를 해 보세요.

추억

뜻 지나간 일에 대한 생각.

예 부모님과 찍은 사진을 보며 부모님과 함께했던 추억에 잠겼어요.

따라 써요!

추	억

이것만은 꼭!

시간을 나타내는 말

뜻 어떤 일이 일어난 때를 나타내는 말.

예 시간을 나타내는 말인 아침, 점심, 저녁을 사용해 겪은 일을 차례대로 말했어요.

따라 써요!

시	간	을

나	타	내	는	말

시간을 나타내는 말에는 어제, 오늘, 내일, 토요일, 오전, 오후, 겨울, 밤 열두 시 등도 있어.

올해

뜻 지금 지나가고 있는 이해.

예 올해 여름에는 무척 더웠어요.

관련 어휘 | 작년, 내년

'작년'은 지금 지나가고 있는 해의 바로 앞의 해를 뜻하고, '지난해'라고도 해. '내년'은 올해의 바로 다음 해를 뜻해.

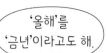
'올해'를 '금년'이라고도 해.

따라 써요!

올	해

훗날

뜻 시간이 지나 뒤에 올 날.

예 전학을 가는 친구와 훗날에 다시 만나기로 약속했어요.

 '훗날'을 '뒷날'이라고도 해.

따라 써요!

| 훗 | 날 |

3 주차
1회
2회
3회
4회
5회

만발하다

뜻 꽃이 활짝 다 피다.

예 들판은 코스모스가 만발해 아름다웠어요.

따라 써요!

| 만 | 발 | 하 | 다 |

 헷갈리는 우리말

오늘엄마가생일선물을사주셨다.

띄어 써야지.

오빠, 어떻게 뛰면서 글을 써?

뛰는 게 아니라 글자 사이를 띄어야 한다는 말이야.

난 뛰라는 줄 알았지. 헤헤.

도움말 "사이를 벌어지게 하다."라는 뜻을 가진 낱말은 '띄다'예요.

76～77쪽에서 공부한 낱말을 떠올리며 문제를 풀어 보세요.

1 [243005-0089]

낱말의 뜻을 찾아 선으로 이으세요.

(1) 가르치다 •　　• ㉠ 계산, 답, 사실 등이 맞지 않다.

(2) 바라다 •　　• ㉡ 지식이나 기술 등을 깨닫게 하거나 익히게 하다.

(3) 틀리다 •　　• ㉢ 원하는 대로 어떤 일이 이루어졌으면 하고 생각하다.

2 [243005-0090]

'크다', '많다'와 각각 뜻이 반대되는 말로 ㉠과 ㉡에 들어갈 알맞은 낱말을 보기 에서 찾아 쓰세요.

보기
작다　　　적다

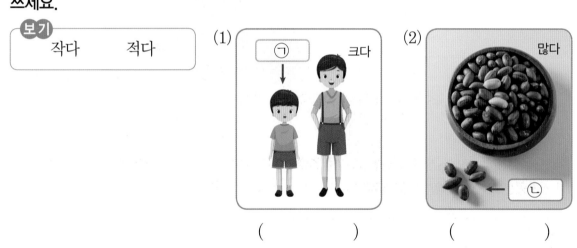

(1) ㉠ 크다

(2) 많다 ㉡

(　　　　) 　　(　　　　)

3 [243005-0091]

문장에 어울리는 낱말을 (　　) 안에서 골라 ○표 하세요.

(1) 창가에 놓아둔 책이 햇볕 때문에 색이 (바랐다 , 바랬다).

(2) 우리가 주문한 음식과 (다른 , 틀린) 음식이 배달되었다.

(3) 형이 약국 가는 쪽을 손가락으로 (가르쳤다 , 가리켰다).

✏️ 78~79쪽에서 공부한 낱말을 떠올리며 문제를 풀어 보세요.

3 주차

1회
2회
3회
4회
5회

4 [243005-0092]

뜻에 알맞은 낱말을 글자판에서 찾아 묶으세요.(낱말은 가로(─), 세로(│) 방향에 숨어 있어요.)

올	해	불	만
림	추	억	발
훗	석	탄	하
날	고	기	다

❶ 꽃이 활짝 다 피다.
❷ 지나간 일에 대한 생각.
❸ 시간이 지나 뒤에 올 날.
❹ 지금 지나가고 있는 이해.

5 [243005-0093]

( ) 안에서 알맞은 말을 골라 ○표 하세요.

아침, 어제, 토요일, 오후 등과 같이 어떤 일이 일어난 때를 나타내는 말을 (시간 , 장소)을/를 나타내는 말이라고 해.

6 [243005-0094]

( ) 안에 알맞은 낱말을 보기에서 찾아 쓰세요.

보기

만발 올해 추억 훗날

(1) 라일락꽃이 (   )해 향기가 멀리까지 퍼졌다.

(2) 나와 재민이는 먼 (   )에도 친하게 지낼 것이다.

(3) 오늘이 11월 1일이니까 (   )도 두 달밖에 남지 않았다.

(4) 1학년 때 할아버지 할머니와 함께 여행하면서 쌓은 (   )을 잊을 수가 없다.

1회 끝!
붙임딱지

다음 중 낱말의 뜻을 잘 알고 있는 것에 ✔ 하세요.

☐ 적응하다 ☐ 최초 ☐ 발명하다 ☐ 위대하다 ☐ 장치

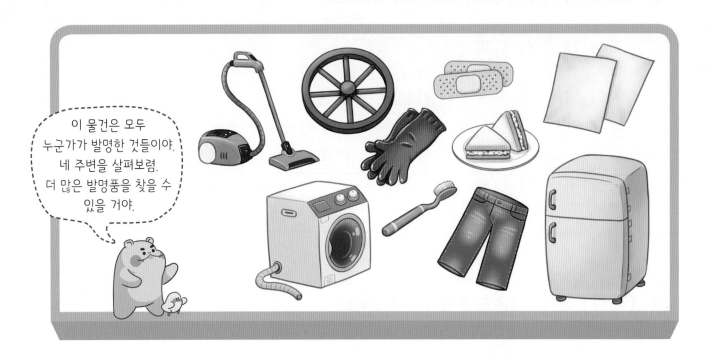

이 물건은 모두 누군가가 발명한 것들이야. 네 주변을 살펴보렴. 더 많은 발명품을 찾을 수 있을 거야.

✏️ 낱말을 읽고, ▨▨▨ 부분에 밑줄을 그으면서 낱말 공부를 해 보세요.

적응하다

뜻 조건이나 환경에 익숙해지거나 알맞게 되다.

예 사람은 새로운 환경에 적응하며 살아가요.

 따라 써요!

| 적 | 응 | 하 | 다 |

최초

뜻 맨 처음.

예 청바지는 미국에서 세계 최초로 만들어졌어요.

뜻이 반대되는 말 **최종**

'최종'은 맨 나중을 뜻해. "배드민턴 선수인 삼촌의 최종 목표는 올림픽에서 금메달을 따는 것이에요."와 같이 쓰여.

 따라 써요!

| 최 | 초 |

 이것만은 꼭!

발명하다

뜻 전에 없던 것을 새로 생각해 만들어 내다.

예 작은 먼지도 빨아들이는 진공청소기는 세실 부스라는 영국 사람이 **발명했어요**.

헷갈리기 쉬운 말 **발견하다**

'발견하다'는 "아직 찾아내지 못했거나 세상에 알려지지 않은 것을 찾아내다."라는 뜻이야. "서랍에서 옛날 동전을 <u>발견했어요</u>."와 같이 쓰여.

'발명품'은 전에 없던 물건을 새로 생각해 만들어 낸 것을 뜻해.

따라 써요!

발	명	하	다

위대하다

뜻 뛰어나고 훌륭하다.

예 내가 생각하는 가장 **위대한** 발명품은 종이예요.

따라 써요!

위	대	하	다

장치

뜻 어떤 목적에 따라 일을 해낼 수 있도록 달거나 붙인 기계나 도구.

예 자전거의 뼈대에 바퀴, 발걸이, 손잡이, 브레이크 등의 **장치**를 덧붙여 자전거를 만들었어요.

따라 써요!

장	치

다음 중 낱말의 뜻을 잘 알고 있는 것에 ☑ 하세요.

☐ 분해하다   ☐ 대신   ☐ 작동하다   ☐ 다루다   ☐ 행복하다

✏️ 낱말을 읽고, ▨▨ 부분에 밑줄을 그으면서 낱말 공부를 해 보세요.

분해하다

뜻 여러 부분이 합쳐져 이루어진 것을 따로따로 나누다.

예 장난감 자동차를 분해해 장난감 자동차를 이루고 있는 것들을 살펴보았어요.

✏️ 따라 써요!

분	해	하	다

대신

뜻 어떤 것의 자리나 역할을 바꾸어서 새로 맡음.

예 비가 올 때 우산 대신 종이 상자를 쓸 수 있어요.

✏️ 따라 써요!

대	신

작동하다

뜻 기계가 움직이다. 또는 기계를 움직이게 하다.

예 개가 짖을 때마다 자동으로 **작동해** 개가 무슨 말을 하는지 알려 주는 기계를 발명하고 싶어요.

✏️ 따라 써요!

| 작 | 동 | 하 | 다 |

이것만은 꼭!

다루다

뜻 기계나 기구를 사용하다.

예 엄마께서 컴퓨터 켜기와 끄기, 자판 사용 방법, 마우스로 그림 그리기 등 컴퓨터를 **다루는** 방법을 가르쳐 주셨어요.

여러 가지 뜻을 가진 낱말 **다루다**

'다루다'는 "어떤 것을 소재나 대상으로 삼다."라는 뜻도 가지고 있어. "서점에서 갯벌의 동물과 식물을 <u>다룬</u> 책을 샀어요."와 같이 쓰여.

✏️ 따라 써요!

| 다 | 루 | 다 |

행복하다

뜻 생활에서 충분한 만족과 기쁨을 느껴 흐뭇하다.

예 나는 그림을 그릴 때 **행복하기** 때문에 나를 **행복하게** 하는 물건은 크레파스예요.

✏️ 따라 써요!

| 행 | 복 | 하 | 다 |

82~83쪽에서 공부한 낱말을 떠올리며 문제를 풀어 보세요.

1 [243005-0095]

뜻에 알맞은 낱말을 보기에서 찾아 쓰세요.

보기

| 위대하다 | 적응하다 | 최초 |

(1) [　　　　] 맨 처음.

(2) [　　　　] 뛰어나고 훌륭하다.

(3) [　　　　] 조건이나 환경에 익숙해지거나 알맞게 되다.

2 [243005-0096]

문장에 어울리는 낱말을 (　　) 안에서 골라 ○표 하세요.

(1) 먹잇감을 (발견 , 발명)한 사자는 먹잇감이 도망가지 않도록 조용히 다가갔다.

(2) 딕슨이라는 사람은 혼자서도 다친 손을 쉽게 치료할 수 있는 방법을 찾다가 붕대에 테이프를 붙인 밴드 반창고를 (발견 , 발명)했다.

3 [243005-0097]

빈칸에 들어갈 알맞은 낱말을 찾아 선으로 이으세요.

(1) 나는 전학을 온 학교에 [　　　]하며 즐겁게 지내고 있다. • ・ ㉠ 적응

(2) 컴퓨터 본체에는 모니터, 마우스, 자판, 프린터 등의 [　　　]가 연결되어 있다. • ・ ㉡ 위대

(3) 귀가 들리지 않는데도 아름다운 음악을 작곡한 베토벤은 [　　　]한 음악가이다. • ・ ㉢ 장치

84～85쪽에서 공부한 낱말을 떠올리며 문제를 풀어 보세요.

[243005-0098]

4 낱말의 뜻을 에서 찾아 사다리를 타고 내려간 곳에 기호를 쓰세요.

보기
ㄱ 기계나 기구를 사용하다.
ㄴ 기계가 움직이다. 또는 기계를 움직이게 하다.
ㄷ 생활에서 충분한 만족과 기쁨을 느껴 흐뭇하다.
ㄹ 여러 부분이 합쳐져 이루어진 것을 따로따로 나누다.

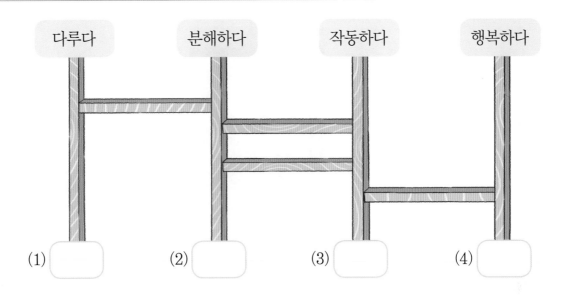

다루다　　　분해하다　　　작동하다　　　행복하다

(1) 　　　(2) 　　　(3) 　　　(4)

[243005-0099]

5 ( ) 안에 알맞은 낱말을 보기에서 찾아 쓰세요.

보기
대신　　　분해　　　행복

(1) 점심에는 밥 ( ) 빵과 우유를 먹었다.

(2) 가지고 싶었던 자전거를 선물로 받은 형은 ( )한 듯 싱글벙글 웃었다.

(3) 아빠께서 선풍기를 안전망, 날개, 받침대 등으로 ( )해 먼지를 닦은 뒤 다시 조립하셨다.

2회 끝!
붙임딱지

다음 중 낱말의 뜻을 잘 알고 있는 것에 ☑ 하세요.
☐ 공익 광고 ☐ 흥미 ☐ 낭비하다 ☐ 채 ☐ 뒤숭숭하다

✏️ 낱말을 읽고, ⬜ 부분에 밑줄을 그으면서 낱말 공부를 해 보세요.

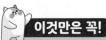

공익 광고

뜻 나라와 국민 전체의 이익을 위해 만든 광고.

예 바다가 오염되는 것을 막자는 공익 광고를 보았어요.

바다에 버린 쓰레기 다시 사람에게 돌아옵니다

텔레비전, 신문, 인터넷 등에서 공익 광고를 볼 수 있어.

✏️ 따라 써요!

| 공 | 익 | 광 | 고 |

흥미

뜻 마음을 쏠리게 하는 재미.

예 나는 장난감 로봇을 조립하는 것에 흥미를 느껴요.

✏️ 따라 써요!

| 흥 | 미 |

낭비하다

뜻 돈, 시간, 물건 등을 헛되이 함부로 쓰다.
↳ "아무 보람이나 이익이 없게."라는 뜻이야.

예 글을 읽고 물을 낭비했던 경험을 떠올렸어요.

✏️ 따라 써요!

| 낭 | 비 | 하 | 다 |

채

뜻 이미 있는 상태 그대로 있음을 나타내는 말.

예 수도를 틀어 놓은 채로 이를 닦았어요.

글자는 같지만 뜻이 다른 낱말 채

집이나 건물을 세는 말도 '채'라고 해. "초가집 한 채가 있었어요."와 같이 쓰여.

✏ 따라 써요!

채

뒤숭숭하다

뜻 느낌이나 마음이 불안하고 걱정스럽다.

예 큰 개에게 쫓기는 꿈을 꾸고 나서 마음이 뒤숭숭했어요.

✏ 따라 써요!

뒤 숭 숭 하 다

🐻 자주 틀리는 맞춤법

도심 한복판에 멧돼지 출몰

SALE

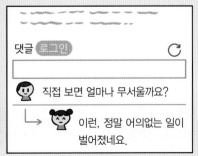

댓글 로그인   ↻

😀 직접 보면 얼마나 무서울까요?

↳ 👧 이런, 정말 어의없는 일이 벌어졌네요.

😀 직접 보면 얼마나 무서울까요?

↳ 👧 이런, 정말 어의없는 일이 벌어졌네요.

↳ 👧 '어의없는'이 아니라 '어이없는'이에요.

↳ 👧 앗, 실수!

도움말 "생각하지 못한 일이 벌어져서 기가 막히는 듯하다."라는 뜻의 낱말은 '어이없다'라고 써야 해요.

다음 중 낱말의 뜻을 잘 알고 있는 것에 ✓ 하세요.
☐ 매체 ☐ 친숙하다 ☐ 영상 ☐ 집중하다 ☐ 누리집

✎ 낱말을 읽고,　　　　부분에 밑줄을 그으면서 낱말 공부를 해 보세요.

매체

뜻 어떤 사실을 널리 전달하는 도구.

예 엄마께서 정보를 얻기 위해 주로 활용하시는 매체는 스마트폰이에요.

매체에는 책, 신문, 텔레비전, 라디오, 컴퓨터, 스마트폰 등이 있어.

따라 써요! | 매 | 체 |

친숙하다

뜻 친하여 익숙하다.

예 여러 가지 매체 중에서 책은 오래전부터 접했기 때문에 친숙해요.

뜻이 비슷한 말 **친근하다**

'친근하다'도 "친하여 익숙하다."라는 뜻이야. '친숙하다'와 '친근하다'는 뜻이 비슷해서 서로 바꾸어 쓸 수 있어.

따라 써요! | 친 | 숙 | 하 | 다 |

영상

뜻 영사막이나 텔레비전 화면에 나타나는 모습.
　🔗 영화를 볼 수 있는 흰색의 막을 뜻해.

예 옛이야기를 영상으로 보면 소리를 들으며 인물의 움직임을 볼 수 있어서 책으로 읽는 것보다 더 생생하게 느껴져요.

따라 써요! | 영 | 상 |

집중하다

뜻 한 가지 일에 모든 힘을 쏟아붓다.

예 옛이야기를 영상으로 볼 때에는 인물의 움직임과 소리에 **집중해야** 내용을 이해하는 데 도움이 돼요.

✏️ 따라 써요!

집	중	하	다

누리집

뜻 사람들이 인터넷에 연결해서 볼 수 있도록 만든 문서.

예 박물관에서 어떤 행사를 하는지 궁금해 국립 중앙 박물관 **누리집**에 들어가 보았어요.

> 인터넷의 홈페이지를 '누리집'이라고 해. 누리집은 세상을 뜻하는 '누리'와 사람이 살기 위해 지은 건물을 뜻하는 '집'을 합쳐 만든 말이야.

✏️ 따라 써요!

누	리	집

헷갈리는 우리말

빈칸에 들어갈 알맞은 낱말은 무엇일까요?

콩쥐는 엄마를 ☐

여의다 ⬤ 여위다 ⬤

죽어서 이별하는 것을 뜻하는 '여의다'예요.

여의다

정답!

여위다

그럼 '여위다'는 무슨 뜻이에요?

여위다

살이 빠져 몸이 마르게 된 것을 뜻해요.

예문 동화 「콩쥐팥쥐」에서 콩쥐는 엄마를 일찍 **여의고** 새엄마의 구박을 받으며 살았어요.

✏️ 88~89쪽에서 공부한 낱말을 떠올리며 문제를 풀어 보세요.

1 [243005-0100]
낱말의 뜻이 알맞으면 ○표, 알맞지 <u>않으면</u> ×표 하세요.

(1) 뒤숭숭하다 ― 답답한 마음이 풀려 흐뭇하고 편안하다. ( )

(2) 공익 광고 ― 나라와 국민 전체의 이익을 위해 만든 광고. ( )

(3) 낭비하다 ― 돈, 시간, 물건 등을 꼭 필요한 데에만 써서 아끼다. ( )

2 [243005-0101]
밑줄 친 낱말의 뜻을 찾아 선으로 이으세요.

(1) 그 골목에는 열 <u>채</u> 정도의 집이 있다. •

• ㉠ 집이나 건물을 세는 말.

(2) 너무 피곤해서 겉옷을 입은 <u>채</u>로 잠이 들었다. •

• ㉡ 이미 있는 상태 그대로 있음을 나타내는 말.

3 [243005-0102]
( ) 안에 알맞은 낱말을 보기에서 찾아 쓰세요.

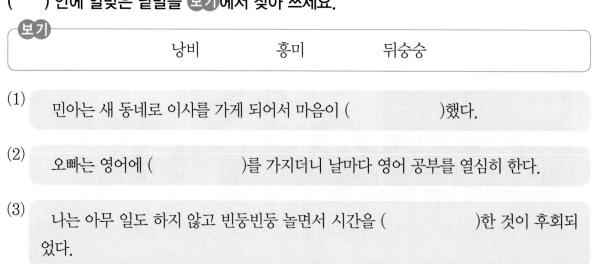

보기
낭비   흥미   뒤숭숭

(1) 민아는 새 동네로 이사를 가게 되어서 마음이 ( )했다.

(2) 오빠는 영어에 ( )를 가지더니 날마다 영어 공부를 열심히 한다.

(3) 나는 아무 일도 하지 않고 빈둥빈둥 놀면서 시간을 ( )한 것이 후회되었다.

✏️ 90～91쪽에서 공부한 낱말을 떠올리며 문제를 풀어 보세요.

3
주차

1회
2회
3회
4회
5회

4 [243005-0103]
빈칸에 들어갈 낱말은 무엇인지 알맞은 글자를 모두 골라 ○표 하세요.

(1) 어떤 사실을 널리 전달하는 도구를 ☐☐라고 한다.

| 단 | 소 | 매 | 체 | 트 |

(2) 영사막이나 텔레비전 화면에 나타나는 모습을 ☐☐이라고 한다.

| 야 | 영 | 하 | 세 | 상 |

(3) 사람들이 인터넷에 연결해서 볼 수 있도록 만든 문서를 ☐☐☐이라고 한다.

| 누 | 문 | 리 | 제 | 집 |

5 [243005-0104]
밑줄 친 낱말과 뜻이 비슷한 말은 무엇인가요? ( )

나에게 놀이터는 친숙한 곳이야.

① 복잡하다　　② 신기하다　　③ 친근하다
④ 특별하다　　⑤ 필요하다

6 [243005-0105]
빈칸에 들어갈 알맞은 낱말을 찾아 선으로 이으세요.

(1) 내가 쓴 글을 학급 ☐에 올렸더니 댓글이 많이 달렸다. ·

· ㉠ 누리집

(2) 텔레비전에 우리나라의 아름다운 풍경을 찍은 ☐이 나왔다. ·

· ㉡ 집중

(3) 컴퓨터 게임을 하는 데 정신을 ☐하느라 엄마께서 부르시는 소리를 못 들었다. ·

· ㉢ 영상

3회 끝!
붙임딱지

다음 중 낱말의 뜻을 잘 알고 있는 것에 ☑ 하세요.

☐ 달력 ☐ 날수 ☐ 요일 ☐ 1주일 ☐ 1년

우리는 날짜가 궁금할 때 달력을 봐. 달력을 보고 알 수 있는 것은 날짜뿐일까? 달력과 관련 있는 낱말을 공부하며 알아보자.

✏️ 낱말을 읽고, ▭ 부분에 밑줄을 그으면서 낱말 공부를 해 보세요.

달력

뜻 한 해의 달, 날, 요일 등을 날짜에 따라 적어 놓은 것.

예 달력에 내 생일을 표시해 두었어요.

✏️ 따라 써요!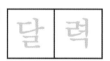

			7			
일	월	화	수	목	금	토
				1	2	3	4
5	6	7	8	9	10	⑪
12	13	14	15	16	17	18
19	20	21	22	23	24	25
26	27	28	29	30	31	

날수

뜻 날의 개수.

예 1월, 3월, 5월, 7월, 8월, 10월, 12월은 날수가 31일이에요.

✏️ 따라 써요!

'날수'를 '일자'라고도 해.

'날수'는 [날쑤]로 발음해.

요일

뜻 일주일을 이루는 각각의 날. 월요일, 화요일, 수요일, 목요일, 금요일, 토요일, 일요일이 있음.

예 12월 25일이 무슨 **요일**인지 궁금해 달력을 보았어요.

✏️ 따라 써요!

요	일

이것만은 꼭!

1주일

뜻 월요일부터 일요일까지의 **7일** 동안. 또는 **7일**.

예 연수는 1주일 중 3일은 태권도 연습을 해요.

관련 어휘 주일

'주일'은 7일 동안을 세는 말로도 쓰여. 그래서 7일은 1주일, 14일은 2주일, 21일은 3주일, 28일은 4주일이라고 해.

✏️ 따라 써요!

1	주	일

1년

뜻 열두 달을 지나는 시간의 양.

예 작년 5월부터 올해 4월까지 **1년** 동안 수영을 배웠어요.

1년은 열두 달, 다시 말해 12개월이야.
1년=12개월

관련 어휘 달, 개월

'달'과 '개월'은 한 해를 12로 나눈 것 중 하나의 기간을 세는 말이야. '달'은 '한 달, 두 달, 세 달, 네 달, 다섯 달, 여섯 달, 일곱 달, 여덟 달, 아홉 달, 열 달, 열한 달, 열두 달'과 같이 쓰여. 그리고 '개월'은 '1개월, 2개월, 3개월, 4개월, 5개월, 6개월, 7개월, 8개월, 9개월, 10개월, 11개월, 12개월'과 같이 쓰여.

✏️ 따라 써요!

1	년

다음 중 낱말의 뜻을 잘 알고 있는 것에 ☑ 하세요.

☐ 조사하다　☐ 자료　☐ 학용품　☐ 합계　☐ 표

㉮ 모둠 친구들이 좋아하는 계절

 은재　 지아　 가연　 찬빈　 서준　 민지

㉯ 모둠 친구들이 좋아하는 계절별 학생 수

계절	봄	여름	가을	겨울	합계
학생 수(명)	1	2	1	2	6

㉮는 모둠 친구들이 좋아하는 계절에 대해 조사한 자료이고, ㉯는 ㉮의 내용을 나타낸 표야. 자료와 표가 무엇인지 공부해 보자.

✏️ 낱말을 읽고, ⬜ 부분에 밑줄을 그으면서 낱말 공부를 해 보세요.

조사하다

뜻 어떤 내용을 알기 위해 자세히 살펴보거나 찾아보다.

예 친구들이 어떤 활동을 하면서 즐거웠는지에 대해 조사했어요.

✏️ 따라 써요!

조	사	하	다

자료

뜻 어떤 일의 바탕이 되는 재료.

예 모둠 친구들이 좋아하는 계절에 대해 조사한 자료를 보면 누가 어느 계절을 좋아하는지 알 수 있어요.

✏️ 따라 써요!

자	료

학용품

뜻 공부할 때 필요한 물건.

예 친구들의 가방에 들어 있는 학용품을 조사한 결과 연필이 가장 많았어요.

관련 어휘 문구

'문구'는 공부를 하거나 회사에서 일할 때 필요한 물건을 뜻해. '문구'를 '문방구'라고 하기도 하지. 그래서 문구를 파는 가게를 '문구점' 또는 '문방구점'이라고 해.

 따라 써요!

합계

뜻 한데 합해 계산하여 나온 수.

예 아름, 정우, 다정, 경아, 태훈이가 국어를 좋아한다고 했으므로, 국어를 좋아하는 학생 수의 합계는 5예요.

 따라 써요!

 이것만은 꼭!

표

뜻 어떤 내용을 일정한 모양과 순서에 따라 보기 쉽게 나타낸 것.

예 반 학생들이 좋아하는 운동별 학생 수를 표로 나타냈어요.

반 학생들이 좋아하는 운동별 학생 수

운동	줄넘기	야구	축구	달리기	합계
학생 수(명)	4	8	5	7	24

 따라 써요!

표

✏️ 94~95쪽에서 공부한 낱말을 떠올리며 문제를 풀어 보세요.

1 [243005-0106]
낱말의 뜻을 **보기**에서 찾아 사다리를 타고 내려간 곳에 기호를 쓰세요.

> **보기**
> ㉠ 날의 개수.
> ㉡ 한 해의 달, 날, 요일 등을 날짜에 따라 적어 놓은 것.
> ㉢ 일주일을 이루는 각각의 날. 월요일, 화요일, 수요일, 목요일, 금요일, 토요일, 일요일이 있음.

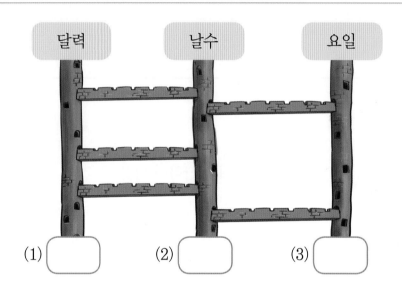

달력 　　 날수 　　 요일

(1) ☐ 　　 (2) ☐ 　　 (3) ☐

2 [243005-0107]
빈칸에 들어갈 알맞은 낱말을 찾아 선으로 이으세요.

(1) 오늘은 ☐ 에 한 번뿐인 내 생일이다. ・

・㉠ 날수

(2) ☐ 가 30일인 달은 4월, 6월, 9월, 11월이다. ・

・㉡ 1년

(3) 이번 주 수요일부터 다음 주 화요일까지 ☐ 동안 가족 여행을 간다. ・

・㉢ 1주일

✏️ 96~97쪽에서 공부한 낱말을 떠올리며 문제를 풀어 보세요.

3 [243005-0108]

뜻에 알맞은 낱말이 되도록 보기에서 알맞은 글자를 찾아 쓰세요.

보기

계   자   학

(1) 공부할 때 필요한 물건. → | | 용 | 품 |

(2) 어떤 일의 바탕이 되는 재료. → | | 료 |

(3) 한데 합해 계산하여 나온 수. → | 합 | |

4 [243005-0109]

다음과 같이 어떤 내용을 일정한 모양과 순서에 따라 보기 쉽게 나타낸 것을 무엇이라고 하는지 쓰세요.

반 학생들이 태어난 계절별 학생 수					
계절	봄(3, 4, 5월)	여름(6, 7, 8월)	가을(9, 10, 11월)	겨울(12, 1, 2월)	합계
학생 수(명)	10	7	5	3	25

5 [243005-0110]

( ) 안에 알맞은 낱말을 보기에서 찾아 쓰세요.

보기

자료   조사   합계

(1) 어제와 오늘 내가 쓴 용돈의 (   )는 3000원이다.

(2) 수업 시간에 공룡에 대해 발표하기 위해 인터넷에서 공룡에 대한 (   )를 찾아보았다.

(3) 한 사람씩 좋아하는 운동을 말하는 방법으로 우리 반 친구들이 좋아하는 운동에 대해 (   )했다.

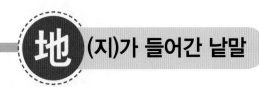 **地**(지)가 들어간 낱말

모양	뜻	음
地	땅  '지(地)'는 흙과, 물을 담는 주전자를 합해 표현한 글자야. '지(地)'는 흙과 물이 있는 '땅'을 뜻해.	지

✏️ '地(지)'가 들어간 낱말을 읽고, ▢▢▢ 부분에 밑줄을 그으면서 낱말 공부를 해 보세요.

지하 地(땅 지) 下(아래 하)

뜻 땅속이나 땅을 파고 만든 건물의 공간.

예 이 건물은 지하 3층까지 있어요.

뜻이 반대되는 말 **지상**

'지상'은 땅 위를 뜻해. "우리 아파트는 지상에 주차장이 없어요."와 같이 쓰여.

육지 陸(뭍 육) 地(땅 지)

🔈 '뭍'은 지구 겉면에서 바다를 뺀 나머지 부분을 뜻해.

뜻 지구 겉면에서 물이 있는 곳을 뺀 부분.

예 오랫동안 배를 타고 바다를 헤매던 사람들은 저 멀리 육지가 보이자 기뻐했어요.

'육지'를 '땅'이라고도 해.

평지 平(평평할 평) 地(땅 지)

뜻 바닥이 평평하고 넓은 땅.

예 평지는 자전거를 타기에 좋아요.

지평선 地(땅 지) 平(평평할 평) 線(선 선)

🔈 '선(線)'의 대표 뜻은 '줄'이야.

뜻 평평한 땅의 끝과 하늘이 맞닿은 것처럼 보이는 선.

예 지평선 너머로 해가 저물었어요.

관련 어휘 **수평선**

'수평선'은 물과 하늘이 맞닿은 것처럼 보이는 선을 뜻해. "해가 수평선 위로 솟아올라요."와 같이 쓰여.

字 (자)가 들어간 낱말

모양	뜻	음
字	 글자	자

'자(字)'는 집과, 포대기에 싸여 있는 아기의 모습을 합해 표현한 글자야. '자(字)'는 처음에 집에서 아이를 기르는 것을 뜻했는데, 지금은 '글자'를 뜻해.

 '字(자)'가 들어간 낱말을 읽고, ▨▨ 부분에 밑줄을 그으면서 낱말 공부를 해 보세요.

숫자

數	字
셈 수	글자 자

🖐 한글 맞춤법에 따라 '수자'로 적지 않고 '숫자'로 적어야 해.

뜻 수를 나타내는 글자.

예 나는 숫자 중에 5를 좋아해요.

한자

漢	字
한나라 한	글자 자

뜻 중국에서 만들어져 오늘날에도 쓰이고 있는 문자.

예 요일 이름을 한자로 써 보았어요.

月　水　金　日
火　木　土

자판

字	板
글자 자	널빤지 판

뜻 컴퓨터에서 문자를 입력하는 판.

예 한글 자판을 치는 연습을 했어요.

'자판'을 '키보드'라고 하기도 해.

점자

點	字
점 점	글자 자

뜻 손가락으로 더듬어 읽도록 만든 시각 장애인용 문자.

예 엘리베이터 버튼에는 점자가 있어요.

✏️ 100쪽에서 공부한 낱말을 떠올리며 문제를 풀어 보세요.

1 [243005-0111]
뜻에 알맞은 낱말을 빈칸에 쓰세요.

(1)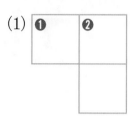

> 가로➊ 지구 겉면에서 물이 있는 곳을 뺀 부분.
> 세로➋ 땅속이나 땅을 파고 만든 건물의 공간.

(2)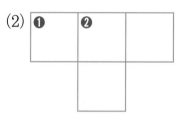

> 가로➊ 평평한 땅의 끝과 하늘이 맞닿은 것처럼 보이는 선.
> 세로➋ 바닥이 평평하고 넓은 땅.

2 [243005-0112]
밑줄 친 낱말과 뜻이 반대되는 말은 무엇인가요? (   )

> 광부들이 컴컴한 지하에서 석탄을 캐는 모습을 텔레비전에서 보았다.

① 땅속   ② 지구   ③ 지상
④ 바닷속   ⑤ 흙더미

3 [243005-0113]
밑줄 친 낱말을 알맞게 사용한 친구에게 ○표 하세요.

(1)
평지는 가파른 오르막길보다 걸을 때 힘이 덜 들어.
(   )

(2)
육지에는 상어, 연어, 가오리, 멸치 등 다양한 종류의 물고기가 살아.
(   )

101쪽에서 공부한 낱말을 떠올리며 문제를 풀어 보세요.

[243005-0114]

4 뜻에 알맞은 낱말을 보기에서 찾아 ( ) 안에 쓰세요.

보기

한자   점자   자판   숫자

(1) ( )

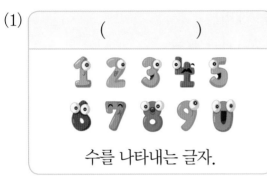

수를 나타내는 글자.

(2) ( )

컴퓨터에서 문자를 입력하는 판.

(3) ( )

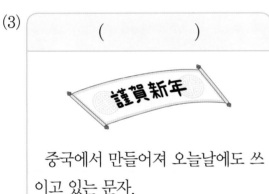

중국에서 만들어져 오늘날에도 쓰이고 있는 문자.

(4) ( )

손가락으로 더듬어 읽도록 만든 시각 장애인용 문자.

[243005-0115]

5 빈칸에 들어갈 알맞은 낱말은 무엇인가요? ( )

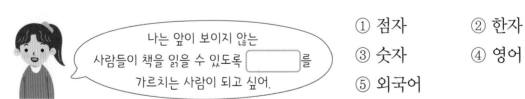

나는 앞이 보이지 않는 사람들이 책을 읽을 수 있도록 ☐☐ 를 가르치는 사람이 되고 싶어.

① 점자   ② 한자
③ 숫자   ④ 영어
⑤ 외국어

[243005-0116]

6 문장에 어울리는 낱말이 되도록 알맞은 글자를 쓰세요.

(1) 우리 집 대문에는 302라는 | 숫 | | 가 쓰여 있다.

(2) | 자 | | 이 고장 나서 컴퓨터에 글자가 입력되지 않는다.

낱말 뜻

1 [243005-0117]

뜻에 알맞은 낱말을 보기에서 찾아 쓰세요.

보기

| 매체 | 흥미 | 분해하다 | 적응하다 |

(1) ( ): 마음을 쏠리게 하는 재미.

(2) ( ): 어떤 사실을 널리 전달하는 도구.

(3) ( ): 조건이나 환경에 익숙해지거나 알맞게 되다.

(4) ( ): 여러 부분이 합쳐져 이루어진 것을 따로따로 나누다.

낱말 뜻

2 ~ 3 낱말의 뜻은 무엇인지 ( ) 안에서 알맞은 말을 골라 ◯표 하세요.

2 [243005-0118]

1년 (여섯 , 열두) 달을 지나는 시간의 양.

3 [243005-0119]

육지 지구 겉면에서 (물 , 흙)이 있는 곳을 뺀 부분.

뜻이 반대되는 말

4 [243005-0120]

밑줄 친 낱말과 뜻이 반대되는 말은 무엇인가요? ( )

손바닥 부분이 오돌토돌한 고무장갑은 일본 사람이 세계 최초로 만들었어.

① 최대   ② 최신   ③ 최종

④ 최하   ⑤ 최우수

5 [243005-0121]

( ) 안에 알맞은 낱말을 **보기**에서 찾아 쓰세요.

보기
주일   개월

(1) 오늘이 4월 1일이면 2( ) 후는 6월 1일이다.

(2) 오늘이 4월 1일이면 2( ) 후는 14일이 지난 4월 15일이다.

6 [243005-0122]

밑줄 친 낱말의 뜻을 찾아 선으로 이으세요.

(1)
환경 오염 문제를 <u>다룬</u> 영화를 보았다. •

• ㉠ 기계나 기구를 사용하다.

(2)
나도 언니처럼 스마트폰을 잘 <u>다루고</u> 싶다. •

• ㉡ 어떤 것을 소재나 대상으로 삼다.

7 [243005-0123]

문장에 어울리는 낱말을 ( ) 안에서 골라 ○표 하세요.

(1) 나는 감기가 빨리 낫기를 (바랐다 , 바랬다).

(2) 운동화를 신어 보니 (작아서 , 적어서) 한 치수 큰 것을 달라고 했다.

8 [243005-0124]

빈칸에 들어갈 알맞은 낱말을 쓰세요.

유하: 오늘이 무슨 ☐☐이니?
성진: 오늘은 목요일이야.

9~11 밑줄 친 낱말의 쓰임이 알맞으면 ○표, 알맞지 않으면 ✕표 하세요.

9 [243005-0125]

세탁기가 <u>작동하려면</u> 먼저 콘센트에 플러그를 꽂아야 한다.　　　　　（　　　）

10 [243005-0126]

새로 만난 친구들이 <u>친숙해서</u> 인사도 나누지 못하고 교실을 나와 버렸다.　（　　　）

11 [243005-0127]

백화점을 구경하다가 마음에 쏙 드는 옷을 <u>발명해</u> 엄마께 그 옷을 사 달라고 했다.　　　　　　　　　　　　　　　　　　　　　　　　　　（　　　）

12~15 (　　　) 안에 알맞은 낱말을 보기 에서 찾아 쓰세요.

> 보기
>
> 날수　　　낭비　　　위대　　　장치

12 [243005-0128]

달력을 보고 (　　　　　　)를 세어 봤더니 겨울 방학까지 43일이 남았다.

13 [243005-0129]

복도에는 불이 났을 때 요란한 소리가 울리는 (　　　　　　)가 설치되어 있다.

14 [243005-0130]

나는 세종 대왕이 한 일 중 가장 (　　　　　　)한 일은 한글을 만든 것이라고 생각한다.

15 [243005-0131]

우리 가족은 물을 (　　　　　　)하지 않기 위해 이를 닦을 때 컵에 물을 받아서 사용한다.

4주차 어휘 미리 보기

한 주 동안 공부할 어휘들이야. 쏙 한번 훑어볼까?

1회

국어 교과서 어휘

믿음	의견
공포	설득하다
책임	텃밭
이르다	자신감
조절하다	완벽하다

학습 계획일 ◯ 월 ◯ 일

2회

기억 교과서 어휘

마무리하다	교과서
기억	표지
돌아보다	선배
시상식	응원하다
정돈	기다리다

학습 계획일 ◯ 월 ◯ 일

3회

국어 교과서 어휘

작가	호기심
창작하다	등장인물
밟다	제품
등굣길	사인
노랫말	으뜸

학습 계획일 ◯ 월 ◯ 일

4회

수학 교과서 어휘

그래프	규칙
간식	바닥
음료	진열하다
원하다	늘어나다
회	평일

학습 계획일 ◯ 월 ◯ 일

5회

한자 어휘

편안	노인
안녕	노약자
안심	노화
불안	경로당

학습 계획일 ◯ 월 ◯ 일

어휘력 테스트

다음 중 낱말의 뜻을 잘 알고 있는 것에 ✓ 하세요.
☐ 믿음 ☐ 공포 ☐ 책임 ☐ 이르다 ☐ 조절하다

✏️ 낱말을 읽고, ▇▇▇ 부분에 밑줄을 그으면서 낱말 공부를 해 보세요.

믿음

뜻 어떤 사실이나 사람을 믿는 마음.

예 친구 사이에는 믿음이 있어야 해요.

 따라 써요!

믿	음

공포

뜻 두렵고 무서움.

예 나는 개에게 물렸던 적이 있어서 개만 보면 공포를 느껴요.

✏️ 따라 써요!

공	포

책임

뜻 맡아서 해야 할 일이나 의무.
　　　　　🖐 마땅히 해야 할 일을 뜻해.
예 반려견을 키우는 사람은 반려견을 건강하게 돌볼 책임이 있어요.

 따라 써요!

책	임

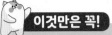

이르다

뜻 기준이 되는 때보다 앞서거나 빠르다.

예 나는 **이른** 아침에 운동장에서 달리기를 해요.

글자는 같지만 뜻이 다른 낱말 이르다

다음과 같은 뜻을 가진 낱말도 '이르다'야.

| 어떤 장소나 시간에 닿다. | 어떤 사람의 잘못을 윗사람에게 말하여 알게 하다. |

✏️ 따라 써요!

이 르 다

조절하다

뜻 균형이 맞게 바로잡거나 적당하게 맞추어 나가다.

예 달리기를 하면 몸무게를 **조절하는** 데 도움이 돼요.

✏️ 따라 써요!

조 절 하 다

자주 틀리는 맞춤법

도움말 손으로 한 줌 움켜쥘 만한 분량을 세는 말은 '움큼'이에요.

다음 중 낱말의 뜻을 잘 알고 있는 것에 ✅ 하세요.
☐ 의견 ☐ 설득하다 ☐ 텃밭 ☐ 자신감 ☐ 완벽하다

✏️ 낱말을 읽고, ▨▨▨ 부분에 밑줄을 그으면서 낱말 공부를 해 보세요.

의견

뜻 어떤 대상에 대해 가지는 생각.

예 우빈이는 교실에서 금붕어를 키우자는 의견을 말했어요.

✏️ 따라 써요!

의	견

이것만은 꼭!
설득하다

뜻 상대방이 내 이야기를 따르도록 잘 설명하거나 타이르다.

예 자신의 생각을 말할 때 자신의 생각에 대한 까닭을 함께 말하면 상대를 설득하는 데 도움이 돼요.

✏️ 따라 써요!

설	득	하	다

텃밭

뜻 집의 울타리 안에 있거나 집 가까이 있는 밭.

예 학교 텃밭에서 토마토를 키우고 싶다는 생각을 편지에 써서 교장 선생님께 드렸어요.

'텃밭'은 [터빧] 또는 [턷빧]으로 발음해.

✏️ 따라 써요!

텃	밭

자신감

뜻 어떤 일을 해낼 수 있다거나 어떤 일이 꼭 그렇게 될 것이라고 스스로 굳게 믿는 느낌.

예 병아리를 잘 보살필 수 있다고 말하는 세하의 얼굴에는 자신감이 넘쳤어요.

관련 어휘 자신하다

'자신하다'는 "어떤 일을 해낼 수 있다거나 어떤 일이 꼭 그렇게 될 것이라고 스스로 굳게 믿다."라는 뜻이야. "나는 우리나라 농구팀이 이길 것이라고 자신해요."와 같이 쓰여.

따라 써요!

자	신	감

완벽하다

뜻 잘못되거나 부족한 것 없이 완전하다.

예 글을 완벽하게 써야 한다고 생각하니까 글이 잘 안 써져요.

따라 써요!

완	벽	하	다

헷갈리는 우리말

도움말 열매나 곡식의 하나하나 따로따로의 알은 '알갱이'라고 하고, 물건의 껍데기나 껍질을 벗기고 남은 속 부분은 '알맹이'라고 해요.

확인 문제

✏️ 108~109쪽에서 공부한 낱말을 떠올리며 문제를 풀어 보세요.

1 [243005-0132]
뜻에 알맞은 낱말을 그림에서 찾아 짝 지어진 색으로 색칠하세요.

(1) 두렵고 무서움. – 주황색

(2) 맡아서 해야 할 일이나 의무. – 노란색

(3) 어떤 사실이나 사람을 믿는 마음. – 하늘색

(4) 기준이 되는 때보다 앞서거나 빠르다. – 분홍색

(5) 균형이 맞게 바로잡거나 적당하게 맞추어 나가다. – 연두색

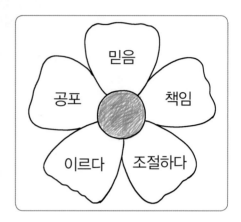

2 [243005-0133]
밑줄 친 낱말과 같은 뜻으로 쓰인 것에 ○표 하세요.

저녁을 먹기에는 아직 이른 시간이야.

(1) "다른 날보다 이르게 학교에 갔어." (   )

(2) "선생님께 내 잘못을 이르면 안 돼." (   )

(3) "문방구에 이르러서 지갑을 집에 놓고 온 걸 알았어."
(   )

3 [243005-0134]
(   ) 안에 알맞은 낱말을 보기에서 찾아 쓰세요.

> **보기**
>
> 공포   조절   책임

(1) 텔레비전 화면이 너무 밝아서 리모컨으로 밝기를 (   )했다.

(2) 반장이 된 오빠는 반장으로서의 (   )을 다하겠다고 다짐했다.

(3) 나는 무서워서 귀신이나 유령이 나오는 (   ) 영화를 보지 않는다.

✏️ 110~111쪽에서 공부한 낱말을 떠올리며 문제를 풀어 보세요.

4 [243005-0135]

낱말의 뜻을 보기에서 찾아 사다리를 타고 내려간 곳에 기호를 쓰세요.

> 보기
> ㉠ 어떤 대상에 대해 가지는 생각.
> ㉡ 집의 울타리 안에 있거나 집 가까이 있는 밭.
> ㉢ 상대방이 내 이야기를 따르도록 잘 설명하거나 타이르다.
> ㉣ 어떤 일을 해낼 수 있다거나 어떤 일이 꼭 그렇게 될 것이라고 스스로 굳게 믿는 느낌.

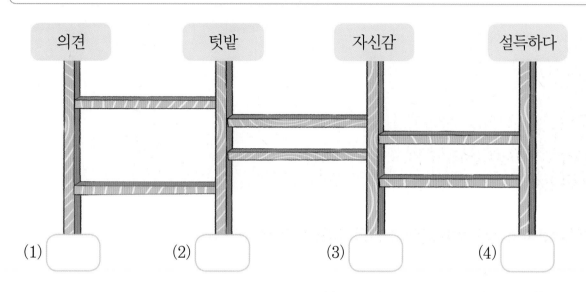

| 의견 | 텃밭 | 자신감 | 설득하다 |

(1) ☐ (2) ☐ (3) ☐ (4) ☐

5 [243005-0136]

문장에 어울리는 낱말을 ( ) 안에서 골라 ○표 하세요.

(1) 효주의 (의견 , 의논)은 교실 문을 잘 닫고 다니자는 것이다.

(2) 사람들은 맡은 역할을 (부족 , 완벽)하게 연기한 배우를 칭찬했다.

(3) 날마다 줄넘기 연습을 해서 줄넘기에 (실망감 , 자신감)이 생겼다.

(4) 주말에 여행을 가자고 부모님을 (설득 , 위로)하느라 무척 힘들었다.

1회 끝!
붙임딱지

다음 중 낱말의 뜻을 잘 알고 있는 것에 ✔ 하세요.

☐ 마무리하다 ☐ 기억 ☐ 돌아보다 ☐ 시상식 ☐ 정돈

어느덧 2학년이 끝나 가네. 너는 2학년 생활이 즐겁고 재미있었니? 사진을 보며 기억을 떠올려 봐.

✏️ 낱말을 읽고,　　　 부분에 밑줄을 그으면서 낱말 공부를 해 보세요.

마무리하다

뜻 일을 끝맺다.

예 2학년 때 찍은 사진을 보면서 2학년 생활을 마무리하는 시간을 가졌어요.

✏️ 따라 써요!

| 마 | 무 | 리 | 하 | 다 |

기억

뜻 지난 일이나 지식 등을 잊지 않거나 다시 생각해 냄.

예 운동회 날에 우리 반 이어달리기 선수로 뽑혀 경기를 했던 기억이 떠올라요.

✏️ 따라 써요!

| 기 | 억 |

이것만은 꼭!

돌아보다

뜻 지난 일을 다시 생각해 보다.

예 2학년 때 어떤 일이 있었는지 돌아보고 친구들과 이야기를 나누었어요.

여러 가지 뜻을 가진 낱말 돌아보다

'돌아보다'는 다음과 같은 뜻도 가지고 있어.

고개를 돌려 보다.	돌아다니면서 이곳저곳 살피다.

따라 써요!

시상식

뜻 훌륭하거나 잘한 일을 칭찬하는 상을 주는 의식.

예 2학년 생활을 하는 동안 칭찬할 만한 일을 한 친구들에게 상장을 주는 시상식을 했어요.

따라 써요!

정돈

뜻 어지럽게 흩어진 것을 가지런히 바로잡아 정리함.

예 교실에 있는 내 사물함은 정돈이 잘되어 있어서 물건을 쉽게 찾을 수 있어요.

따라 써요!

다음 중 낱말의 뜻을 잘 알고 있는 것에 ✔ 하세요.

☐ 교과서 ☐ 표지 ☐ 선배 ☐ 응원하다 ☐ 기다리다

✏️ 낱말을 읽고,　　　　 부분에 밑줄을 그으면서 낱말 공부를 해 보세요.

교과서

뜻 학교에서 어떤 과목을 가르치려고 만든 책.

예 3학년이 되면 국어, 수학, 도덕, 사회, 과학, 영어, 미술, 음악, 체육 등의 새 교과서를 받아요.

✏️ 따라 써요!

| 교 | 과 | 서 |

표지

뜻 책의 맨 앞과 맨 뒤를 둘러싼 종이.

예 3학년 과학 교과서의 표지를 우주 그림으로 바꾸고 싶어요.

✏️ 따라 써요!

| 표 | 지 |

'표지'를 '책뚜껑'이라고도 해.

선배

뜻 같은 학교를 자기보다 먼저 입학한 사람.

예 3학년 선배를 초대해 3학년 생활에 대한 이야기를 들었어요.

뜻이 반대되는 말 후배

'후배'는 같은 학교를 자기보다 나중에 입학한 사람을 뜻해. "내가 2학년일 때 1학년 후배가 강당이 어디인지 물어서 가르쳐 주었어요."와 같이 쓰여.

따라 써요!

응원하다

뜻 잘하도록 곁에서 격려하거나 도와주다.

예 3학년 선배들이 3학년 생활도 잘할 수 있다고 우리를 응원해 주었어요.

여러 가지 뜻을 가진 낱말 응원하다

'응원하다'는 "운동 경기 등에서, 선수들이 힘을 낼 수 있도록 도와주다."라는 뜻도 가지고 있어. "손뼉을 치고 노래를 부르며 우리 학교 축구팀을 응원했어요."와 같이 쓰여.

따라 써요!

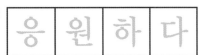

기다리다

뜻 어떤 사람이나 때가 오기를 바라다.

예 3학년이 되기를 기다리며 3학년 생활을 차근차근 준비해요.

따라 써요!

✏️ 114~115쪽에서 공부한 낱말을 떠올리며 문제를 풀어 보세요.

[243005-0137]
1 각 기호에 들어갈 글자를 모아 낱말을 완성하세요.

- 일을 끝맺는 것을 '마 ★ 리 하 다'라고 한다.
- 지난 일이나 지식 등을 잊지 않거나 다시 생각해 냄을 '♠ 억'이라고 한다.
- 어지럽게 흩어진 것을 가지런히 바로잡아 정리함을 '♣ 돈'이라고 한다.
- 훌륭하거나 잘한 일을 칭찬하는 상을 주는 의식을 '시 ♥ 식'이라고 한다.

(1) ★ ♠ (   )   (2) ♣ ♥ (   )

[243005-0138]
2 밑줄 친 낱말의 뜻으로 알맞은 것에 ○표 하세요.

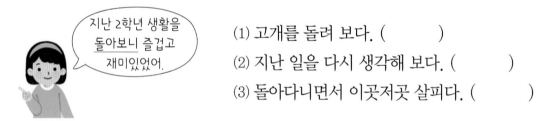

지난 2학년 생활을 <u>돌아보니</u> 즐겁고 재미있었어.

(1) 고개를 돌려 보다. (   )
(2) 지난 일을 다시 생각해 보다. (   )
(3) 돌아다니면서 이곳저곳 살피다. (   )

[243005-0139]
3 빈칸에 들어갈 알맞은 낱말을 찾아 선으로 이으세요.

(1) 현관에 아무렇게나 벗어 놓은 신발들을 가지런하게 [   ]을 했다.   •

    • ㉠ 기억

(2) 오후에 친구들과 즐겁게 눈싸움을 한 일은 [   ]에 오래도록 남을 것이다.   •

    • ㉡ 정돈

(3) 발명 대회 [   ]에서 대상을 받는 사람으로 내 이름이 불리어 깜짝 놀랐다.   •

    • ㉢ 시상식

116～117쪽에서 공부한 낱말을 떠올리며 문제를 풀어 보세요.

4 [243005-0140]

뜻에 알맞은 낱말이 되도록 보기에서 알맞은 글자를 찾아 쓰세요.

> 보기
>
> 서   응   표

(1) 책의 맨 앞과 맨 뒤를 둘러싼 종이. → [ ][지]

(2) 잘하도록 곁에서 격려하거나 도와주다. → [ ][원][하][다]

(3) 학교에서 어떤 과목을 가르치려고 만든 책. → [교][과][ ]

5 [243005-0141]

밑줄 친 낱말과 뜻이 반대되는 말은 무엇인가요? (   )

> 초등학교에 입학해서 얼마 안 되었을 때 4학년 <u>선배</u>가 교실을 찾지 못해 헤매고 있는 나를 교실에 데려다주었다.

① 아이   ② 친구   ③ 형님
④ 후배   ⑤ 후보

6 [243005-0142]

문장에 어울리는 낱말을 (   ) 안에서 골라 ○표 하세요.

(1) 버스 정류장에서 버스가 오기를 (기다렸다 , 기울였다).

(2) 동화책의 앞쪽 (둥지 , 표지)에는 책 제목과 작가 이름이 쓰여 있었다.

(3) 구구단이 잘 외워지지 않아 속상해할 때 누나가 조금만 더 연습하면 잘할 수 있다고 (응원 , 입원)해 주었다.

2회 끝!
붙임딱지

다음 중 낱말의 뜻을 잘 알고 있는 것에 ✓ 하세요.

☐ 작가　☐ 창작하다　☐ 밟다　☐ 등굣길　☐ 노랫말

✏ 낱말을 읽고, ▨ 부분에 밑줄을 그으면서 낱말 공부를 해 보세요.

작가

뜻 시, 동화, 사진, 그림, 조각 등의 예술 작품을 만들어 내는 사람.

예 이 동화를 쓴 작가는 어린이에게 힘든 일이 닥쳐도 용기를 잃지 말고 지혜롭게 헤쳐 나가자는 생각을 전하고 있어요.

관련 어휘 **사진작가, 방송 작가**

• 사진작가: 사진 찍는 일을 하는 사람.
• 방송 작가: 라디오나 텔레비전 방송에서 프로그램의 대본을 쓰는 일을 하는 사람.

🖊 따라 써요!

작	가

이것만은 꼭!

창작하다

뜻 새로운 예술 작품을 처음으로 만들어 내다.

예 친구들과 눈사람을 만들었던 경험을 떠올려 시를 창작했어요.

🖊 따라 써요!

창	작	하	다

밟다

뜻 어떤 대상 위에 발을 올려놓고 누르다.

예 눈을 밟으면 뽀드득 소리가 나요.

🖊 따라 써요!

밟	다

'밟다'는 [밥따]로,
'밟으면'은 [발브면]으로
발음해.

등굣길

뜻 학생이 학교로 가는 길.

예 등굣길에 친구를 만나 반갑게 인사했어요.

뜻이 반대되는 말 하굣길

'하굣길'은 공부를 끝내고 학교에서 집으로 돌아오는 길을 뜻해. "하굣길에 문방구에 들렀어요."와 같이 쓰여.

✏ 따라 써요!

| 등 | 굣 | 길 |

노랫말

뜻 노래로 불리기 위해 쓰인 글.

예 자신의 경험을 떠올려 노랫말을 바꾸어 쓸 때에는 글자 수를 맞추어 써야 해요.

✏ 따라 써요!

| 노 | 랫 | 말 |

'노랫말'을 '가사'라고도 해.

 자주 틀리는 **맞춤법**

토끼에게 보낼 편지를 다 썼다!

토끼야, 안녕?
정말 오랜만이야.
직접 만나고 시픈데
그럴 수 없어서 오랜만에
편지를 써.

우아! 토끼에게 답장이 왔네!

며칠 뒤

토끼야, 안녕? (랜
정말 요랜만이야. 싶은데
직접 만나고 시픈데 (랜
그럴 수 없어서 요랜만에
편지를 써.

토끼 너
정말……

예문 **오랜만**에 온 가족이 등산을 갔어요.

다음 중 낱말의 뜻을 잘 알고 있는 것에 ✔ 하세요.
☐ 호기심   ☐ 등장인물   ☐ 제품   ☐ 사인   ☐ 으뜸

✏ 낱말을 읽고,   부분에 밑줄을 그으면서 낱말 공부를 해 보세요.

호기심

뜻 새롭고 신기한 것을 좋아하거나 모르는 것을 알고 싶어 하는 마음.

예 나는 호기심이 많아서 궁금한 것이 생길 때마다 책이나 인터넷을 찾아봐요.

✏ 따라 써요!

호	기	심

이것만은 꼭!

등장인물

뜻 동화, 연극, 영화 등에 나오는 인물.

예 동화 「이상한 나라의 앨리스」에 나오는 등장인물은 앨리스, 흰토끼, 애벌레, 모자 장수, 여왕 등이에요.

관련 어휘 주인공

동화, 연극, 영화 등에 나오는 인물 중에서 사건을 이끌어 가는 중심이 되는 인물을 '주인공'이라고 해. 예를 들어 「이상한 나라의 앨리스」의 주인공은 앨리스야.

✏ 따라 써요!

등	장	인	물

제품

뜻 재료를 써서 만든 물건.

예 그 가게에는 값이 싸면서 품질이 좋은 제품이 많아요.

✏ 따라 써요!

제	품

사인

뜻 자기만의 독특한 방법으로 자신의 이름을 적음. 또는 그렇게 적은 문자.

예 내가 좋아하는 야구 선수가 야구공에 사인을 해서 주었어요.

여러 가지 뜻을 가진 낱말 사인

'사인'은 몸짓이나 눈짓 등으로 어떤 생각을 전달하는 일이나 동작을 뜻하기도 해. "야구에서는 투수가 공을 던지기 전에 포수와 사인을 주고받아요."와 같이 쓰여.

'사인'은 외국에서 들어온 말이야.

따라 써요! 사 인

으뜸

뜻 많은 것 가운데 가장 뛰어나거나 첫째가는 것.

예 태권도 선수인 이모는 세계에서 으뜸이 되기 위해 열심히 훈련하고 있어요.

뜻이 비슷한 말 제일

'제일'은 여럿 가운데서 첫째가는 것을 뜻해. '으뜸'과 '제일'은 뜻이 비슷해서 서로 바꾸어 쓸 수 있어.

따라 써요! 으 뜸

헷갈리는 우리말

도움말 '낳다'는 "배 속의 아이, 새끼, 알을 몸 밖으로 내놓다."라는 뜻이고, '낫다'는 "병이나 상처 등이 고쳐져 본래대로 되다."라는 뜻이에요.

✏️ 120~121쪽에서 공부한 낱말을 떠올리며 문제를 풀어 보세요.

1 [243005-0143]

뜻에 알맞은 낱말을 글자판에서 찾아 묶으세요.(낱말은 가로(―), 세로(ㅣ) 방향에 숨어 있어요.)

분	노	랫	말
합	격	부	밟
창	작	하	다
단	가	르	침

❶ 노래로 불리기 위해 쓰인 글.

❷ 어떤 대상 위에 발을 올려놓고 누르다.

❸ 새로운 예술 작품을 처음으로 만들어 내다.

❹ 시, 동화, 사진, 그림, 조각 등의 예술 작품을 만들어 내는 사람.

2 [243005-0144]

밑줄 친 낱말과 뜻이 반대되는 말이 되도록 빈칸에 알맞은 글자를 쓰세요.

등굣길에 눈이 펑펑 내렸어.

	굣	길

3 [243005-0145]

문장에 어울리는 낱말을 ( ) 안에서 골라 ○표 하세요.

(1) 친구가 내 발을 (닦아 , 밟아) 발이 무척 아팠다.

(2) 무용가인 고모는 요즘 새로운 춤을 (창업 , 창작)하는 데 열중하고 있다.

(3) 좋아하는 노래의 (노랫말 , 인사말)을 외우려고 반복해서 노래를 불렀다.

(4) 동화를 쓰는 (배우 , 작가)가 되려면 어렸을 때부터 글쓰기 연습을 꾸준히 해야 한다.

✏️ 122~123쪽에서 공부한 낱말을 떠올리며 문제를 풀어 보세요.

[243005-0146]

4 낱말의 뜻이 알맞으면 ○표, 알맞지 <u>않으면</u> ✕표 하세요.

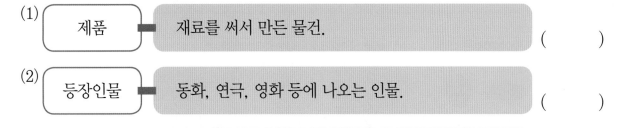

(1)

| 제품 | 재료를 써서 만든 물건. | ( ) |

(2)

| 등장인물 | 동화, 연극, 영화 등에 나오는 인물. | ( ) |

(3)

| 호기심 | 괴로움이나 어려움을 참고 견디는 마음. | ( ) |

[243005-0147]

5 밑줄 친 낱말과 뜻이 비슷한 말은 무엇인가요? ( )

> 우현이의 수영 실력은 우리 반에서 <u>으뜸</u>이다.

① 계속   ② 금방   ③ 대강
④ 전부   ⑤ 제일

[243005-0148]

6 ( ) 안에 알맞은 낱말을 보기에서 찾아 쓰세요.

> **보기**
>
> 사인   호기심   등장인물

(1) 아빠께서는 알림장을 보신 뒤에 '확인' 칸에 ( )을 하셨다.

(2) 슈퍼마켓에서 새로 나온 과자를 보고 ( )이 생겨 과자를 샀다.

(3) 동화 「해와 달이 된 오누이」의 ( )은 어머니, 오빠, 여동생, 호랑이 등
이다.

3회 끝!
붙임딱지

다음 중 낱말의 뜻을 잘 알고 있는 것에 ☑ 하세요.

☐ 그래프 ☐ 간식 ☐ 음료 ☐ 원하다 ☐ 회

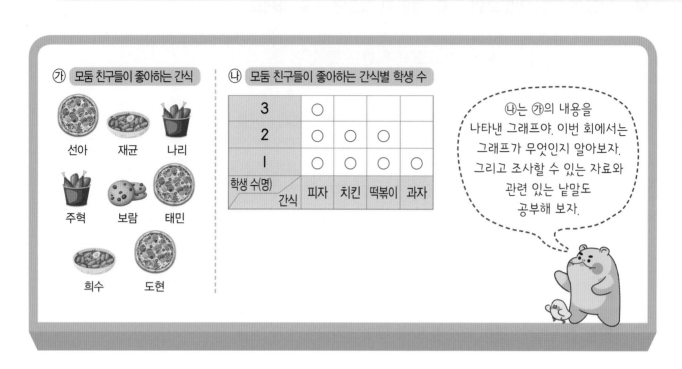

㉮ 모둠 친구들이 좋아하는 간식

선아 재균 나리

주혁 보람 태민

희수 도현

㉯ 모둠 친구들이 좋아하는 간식별 학생 수

학생 수(명) / 간식	피자	치킨	떡볶이	과자
3	○			
2	○	○	○	
1	○	○	○	○

㉯는 ㉮의 내용을 나타낸 그래프야. 이번 회에서는 그래프가 무엇인지 알아보자. 그리고 조사할 수 있는 자료와 관련 있는 낱말도 공부해 보자.

✏️ 낱말을 읽고, ▨ 부분에 밑줄을 그으면서 낱말 공부를 해 보세요.

이것만은 꼭!

그래프

뜻 자료를 선, 점, 막대 등으로 나타낸 것.

예 조사한 내용을 그래프로 나타내면 수가 가장 많은 것과 가장 적은 것을 한눈에 알 수 있어요.

한 달 동안 읽은 종류별 책 수

책 수(권) / 종류	위인전	동화책	만화책	동시집
5		○		
4	○	○		
3	○	○	○	
2	○	○	○	○
1	○	○	○	○

한 달 동안 읽은 종류별 책 수를 나타낸 그래프야. 가로에는 책의 종류를 나타냈고, 세로에는 책 수를 나타냈어. 그리고 책 수는 ○으로 표시했어.

✏️ 따라 써요!

그	래	프

간식

뜻 식사와 식사 사이에 간단히 먹는 음식.

예 나리가 좋아하는 간식은 치킨이에요.

✏️ 따라 써요!

간 식

음료

뜻 사람이 마실 수 있도록 만든 액체.
↳ 물, 간장, 식용유 등과 같이 담는 그릇에 따라 그 모양이 달라지는 물질을 말해.
예 가장 많은 수의 친구들이 좋아하는 음료는 우유예요.

관련 어휘 음료수

'음료수'는 마실 수 있는 물을 뜻해서 "음료수로 그릇을 씻지 마세요."와
같이 쓰여. '음료수'는 목이 마른 것을 풀거나 맛이 있어서 마시는 액체
를 뜻하기도 해서 "사과 맛 음료수를 사 먹었어요."와 같이 쓰여.

✏️ 따라 써요!

음 료

원하다

뜻 무엇을 바라거나 하고자 하다.

예 우리 반 친구들이 원하는 교실 놀이를 조사했어요.

✏️ 따라 써요!

원 하 다

회

뜻 횟수를 나타내는 말.
↳ 반복해서 일어나는 차례의 수를 뜻해.
예 제기를 찬 횟수는 1모둠이 8회이고 2모둠이 12회예요.

✏️ 따라 써요!

회

다음 중 낱말의 뜻을 잘 알고 있는 것에 ✔ 하세요.

☐ 규칙 ☐ 바닥 ☐ 진열하다 ☐ 늘어나다 ☐ 평일

나는 쌓기나무가 오른쪽으로 1개씩 늘어나는 규칙으로 쌓았어.

나는 왼쪽으로 3개, 2개가 반복되는 규칙이야.

친구들이 쌓기나무를 일정한 규칙에 따라 쌓고 있어. 벽이나 바닥에 있는 무늬에서도 규칙을 찾을 수 있지. 규칙 찾기를 공부할 때 나오는 낱말을 알아보자.

✏️ 낱말을 읽고,　　　부분에 밑줄을 그으면서 낱말 공부를 해 보세요.

규칙

뜻 어떤 일이나 현상에 일정하게 나타나는 질서나 법칙.

예 벽의 무늬는 빨간색, 노란색, 파란색이 차례대로 나타나는 규칙이 있어요.

✏️ 따라 써요!

규	칙

바닥

뜻 어떤 공간에서 아래쪽의 평평한 부분.

예 교실 바닥 무늬는 가로무늬와 세로무늬가 번갈아서 나타나는 규칙이 있어요.

✏️ 따라 써요!

바	닥

진열하다

뜻 여러 사람에게 보이기 위해 물건을 늘어놓다.

예 '원숭이 인형 → 코끼리 인형 → 코끼리 인형'이 반복되어 놓이도록 인형을 진열했어요.

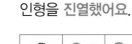

✏ 따라 써요!

| 진 | 열 | 하 | 다 |

이것만은 꼭!

늘어나다

뜻 무게, 수 등이 원래보다 커지거나 길어지거나 많아지다.

예 쌓기나무가 2개씩 늘어나게 쌓았어요.

뜻이 반대되는 말 **줄어들다**

'줄어들다'는 무게, 수 등이 원래보다 작아지거나 짧아지거나 적어지는 것을 뜻해. "운동을 열심히 했더니 몸무게가 줄어들었어요."와 같이 쓰여.

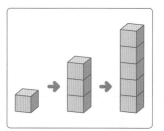

✏ 따라 써요!

| 늘 | 어 | 나 | 다 |

평일

뜻 토요일, 일요일, 공휴일이 아닌 보통 날.
　🔍 삼일절, 설날, 추석, 어린이날 등과 같이 나라에서 정해 다 함께 쉬는 날을 뜻해.

예 버스 출발 시간표를 보고 버스가 평일에는 10분마다 출발하고 주말에는 15분마다 출발한다는 규칙을 찾았어요.

✏ 따라 써요!

| 평 | 일 |

✏️ 126~127쪽에서 공부한 낱말을 떠올리며 문제를 풀어 보세요.

1 [243005-0149]

낱말의 뜻을 찾아 선으로 이으세요.

(1) 간식 •

(2) 음료 •

(3) 원하다 •

• ㉠ 무엇을 바라거나 하고자 하다.

• ㉡ 사람이 마실 수 있도록 만든 액체.

• ㉢ 식사와 식사 사이에 간단히 먹는 음식.

2 [243005-0150]

다음과 같이 자료를 선, 점, 막대 등으로 나타낸 것을 무엇이라고 하는지 ▨▨▨에 있는 글자로 만들어 쓰세요.

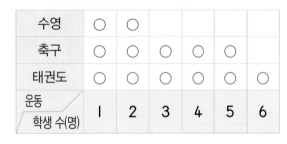

친구들이 배우고 있는 운동별 학생 수

수영	○	○				
축구	○	○	○	○	○	
태권도	○	○	○	○	○	○
운동 \ 학생 수(명)	1	2	3	4	5	6

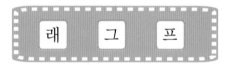

래 그 프

3 [243005-0151]

문장에 어울리는 낱말을 ( ) 안에서 골라 ○표 하세요.

(1) 나는 고장 난 그네를 치우고 새 그네를 설치하기를 (원한다 , 탓한다).

(2) 만화 영화의 마지막 (채 , 회)를 보고 나서 더 이상 볼 수 없다는 생각이 들어 아쉬웠다.

(3) 물, 우유, 오렌지주스, 식혜 등 다양한 (연료 , 음료) 중에서 내가 가장 좋아하는 것은 식혜이다.

128~129쪽에서 공부한 낱말을 떠올리며 문제를 풀어 보세요.

[243005-0152]

4 뜻에 알맞은 낱말을 글자판에서 찾아 묶으세요.(낱말은 가로(─), 세로(ㅣ) 방향에 숨어 있어요.)

수	매	진	실
평	일	열	쇠
선	기	하	규
바	닥	다	칙

❶ 어떤 공간에서 아래쪽의 평평한 부분.
❷ 토요일, 일요일, 공휴일이 아닌 보통 날.
❸ 여러 사람에게 보이기 위해 물건을 늘어놓다.
❹ 어떤 일이나 현상에 일정하게 나타나는 질서나 법칙.

[243005-0153]

5 밑줄 친 낱말과 뜻이 반대되는 말은 무엇인가요? (   )

놀이공원에 놀이기구의 수가 늘어났어.

① 흩어지다　　② 줄어들다　　③ 자라나다
④ 생겨나다　　⑤ 끼어들다

[243005-0154]

6 (   ) 안에 알맞은 낱말을 보기 에서 찾아 쓰세요.

보기

규칙	진열	평일

(1) 빵 가게 주인은 갓 구운 빵을 종류에 따라 (　　　　　　)했다.

(2) 언니는 주말에 약속이 있으니 (　　　　　)에 외식을 하자고 했다.

(3) 도서관 벽의 무늬는 ●, ▲, ■, ◆가 차례대로 나타나는 (　　　　　)이 있다.

4회 끝!
붙임딱지

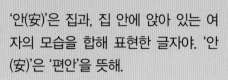

安(안)이 들어간 낱말

모양	뜻	음
安	편안 '안(安)'은 집과, 집 안에 앉아 있는 여자의 모습을 합해 표현한 글자야. '안(安)'은 '편안'을 뜻해.	안

 '安(안)'이 들어간 낱말을 읽고, ▢▢▢ 부분에 밑줄을 그으면서 낱말 공부를 해 보세요.

편안   便 安
편할 편   편안 안

뜻 몸이나 마음이 편하고 좋음.

예 엄마 품속은 편안해요.

안녕   安 寧
편안 안   편안할 녕

뜻 친구 또는 아랫사람과 서로 만나거나 헤어질 때 하는 인사말.

예 새로 전학 온 친구에게 "안녕!" 하고 먼저 인사했어요.

안심   安 心
편안 안   마음 심

뜻 걱정 없이 마음을 편히 가짐.

예 어두운 골목길을 걸어도 아빠가 곁에 있어서 안심이 돼요.

뜻이 비슷한 말 안도

'안도'는 어떤 일이 잘되어 마음을 놓음을 뜻해. '안심'과 '안도'는 뜻이 비슷해서 서로 바꾸어 쓸 수 있어.

불안   不 安
아닐 불   편안 안

뜻 마음이 편하지 않고 조마조마함.

예 교실 앞에 나가서 발표를 하려니까 불안해서 몸이 떨렸어요.

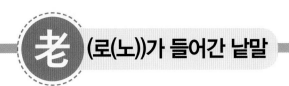

老 (로(노))가 들어간 낱말

모양	뜻	음
老	**늙다** '로(老)'는 머리카락이 긴 노인이 지팡이를 짚고 있는 모습을 본떠 만든 글자로, '늙다'를 뜻해. '노인'처럼 '로(老)'가 낱말의 첫 글자로 쓰일 때는 '노'라고 적어.	로(노)

✏️ '老(로(노))'가 들어간 낱말을 읽고,　　　부분에 밑줄을 그으면서 낱말 공부를 해 보세요.

노인　老 人
늙을 노　사람 인

뜻 나이가 들어 늙은 사람.

예 우리 할아버지께서는 칠십 세가 넘은 노인이세요.

노약자　老 弱 者
늙을 노　약할 약　사람 자

뜻 늙거나 약한 사람.

예 버스나 지하철에서는 노약자에게 자리를 양보해요.

노화　老 化
늙을 노　될 화

뜻 나이가 듦에 따라 몸이 약해지는 것.

예 나이가 들면 피부가 노화해 얼굴에 주름살이 생겨요.

경로당　敬 老 堂
공경 경　늙을 로　집 당

뜻 노인들이 모여 쉬거나 놀 수 있도록 마련한 집이나 방.

예 할아버지들과 할머니들께서 경로당에 모여 노래를 배우며 즐거운 시간을 보내고 계세요.

> '경로'는 노인을 공손히 받들어 모시는 것을 뜻해.

✎ 132쪽에서 공부한 낱말을 떠올리며 문제를 풀어 보세요.

1 [243005-0155]
빈칸에 들어갈 낱말은 무엇인지 알맞은 글자를 모두 골라 ○표 하세요.

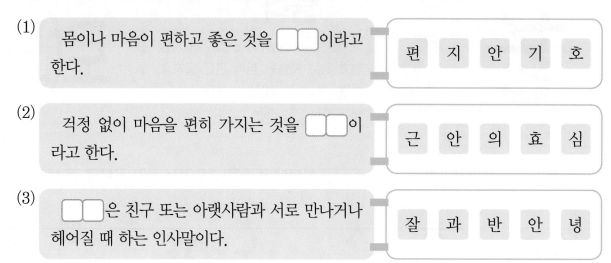

(1) 몸이나 마음이 편하고 좋은 것을 ☐☐이라고 한다.

편 지 안 기 호

(2) 걱정 없이 마음을 편히 가지는 것을 ☐☐이라고 한다.

근 안 의 효 심

(3) ☐☐은 친구 또는 아랫사람과 서로 만나거나 헤어질 때 하는 인사말이다.

잘 과 반 안 녕

2 [243005-0156]
빈칸에 들어갈 알맞은 낱말을 찾아 선으로 이으세요.

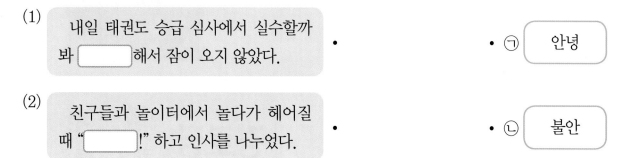

(1) 내일 태권도 승급 심사에서 실수할까 봐 ☐☐해서 잠이 오지 않았다. •

• ㉠ 안녕

(2) 친구들과 놀이터에서 놀다가 헤어질 때 "☐☐!" 하고 인사를 나누었다. •

• ㉡ 불안

3 [243005-0157]
밑줄 친 낱말의 쓰임이 알맞으면 ○표, 알맞지 않으면 ✕표 하세요.

(1) 주사를 맞을 때 아플 것 같아 안심이 되어서 병원에 가고 싶지 않았다. (   )

(2) 집을 나간 개가 무사히 집에 돌아온 뒤에야 안심을 하고 잠이 들었다. (   )

✏️ 133쪽에서 공부한 낱말을 떠올리며 문제를 풀어 보세요.

[243005-0158]

4 낱말의 뜻은 무엇인지 ( ) 안에서 알맞은 말을 골라 ○표 하세요.

(1)

노약자
늙거나 (강한 , 약한) 사람.

(2)

노인
나이가 들어 (늙은 , 젊은) 사람.

(3)

노화
나이가 듦에 따라 몸이 (강해지는 , 약해지는) 것.

(4)

경로당
(노인들 , 어린이들)이 모여 쉬거나 놀 수 있도록 마련한 집이나 방.

[243005-0159]

5 빈칸에 들어갈 알맞은 낱말에 ○표 하세요.

65세가 넘는 ☐ 만 참여할 수 있는 노래자랑 대회가 열렸어.

(아이 , 노인 , 젊은이)

[243005-0160]

6 ( ) 안에 알맞은 낱말을 보기에서 찾아 쓰세요.

보기

경로당   노약자   노화

(1) 흰머리가 생기는 것은 사람이 나이가 들면서 나타나는 ( ) 현상이다.

(2) 우리 마을에서는 할아버지들과 할머니들께서 모여 쉬실 수 있는 ( )을 짓기로 했다.

(3) 지하철이나 버스에는 할아버지, 할머니, 어린이, 몸이 아픈 사람 등 ( ) 가 앉을 수 있는 자리가 마련되어 있다.

5회 끝! 붙임딱지

4주차에서 공부한 낱말을 떠올리며 문제를 풀어 보세요.

낱말 뜻

1 [243005-0161]
낱말과 그 뜻이 알맞게 짝 지어지지 <u>않은</u> 것은 무엇인가요? (   )

① 마무리하다 – 일을 끝맺다.

② 의견 – 어떤 대상에 대해 가지는 생각.

③ 그래프 – 자료를 선, 점, 막대 등으로 나타낸 것.

④ 설득하다 – 상대방이 내 이야기를 따르도록 잘 설명하거나 타이르다.

⑤ 늘어나다 – 무게, 수 등이 원래보다 작아지거나 짧아지거나 적어지다.

낱말 뜻

2 ~ 4 낱말의 뜻은 무엇인지 (   ) 안에서 알맞은 말을 골라 ◯표 하세요.

2 [243005-0162]

진열하다   여러 사람에게 보이기 위해 물건을 (늘어놓다 , 포장하다).

3 [243005-0163]

선배   같은 학교를 자기보다 (먼저 , 나중에) 입학한 사람.

4 [243005-0164]

작가   시, 동화, 사진, 그림, 조각 등의 예술 작품을 (사서 모으는 , 만들어 내는) 사람.

낱말 뜻

5 ~ 6 뜻에 알맞은 낱말을 ▢ 에 있는 글자로 만들어 쓰세요.

5 [243005-0165]

훌륭하거나 잘한 일을 칭찬하는 상을 주는 의식.

상	시	식

6 [243005-0166]

어떤 일을 해낼 수 있다거나 어떤 일이 꼭 그렇게 될 것이라고 스스로 굳게 믿는 느낌.

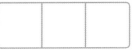

감	신	자

뜻이 비슷한 말

7 [243005-0167]

밑줄 친 낱말과 뜻이 비슷한 말은 무엇인가요? (   )

늦잠을 잘까 봐 걱정했는데 엄마께서 깨워 준다고 하셔서 <u>안심</u>이 되었다.

① 결심   ② 단결   ③ 안도
④ 안부   ⑤ 의심

여러 가지 뜻을 가진 낱말

8 [243005-0168]

밑줄 친 낱말의 뜻으로 알맞은 것에 ○표 하세요.

동화책을 펼치자 작가가 직접 한 멋진 <u>사인</u>이 있었다.

(1) 몸짓이나 눈짓 등으로 어떤 생각을 전달하는 일이나 동작. (   )

(2) 자기만의 독특한 방법으로 자신의 이름을 적음. 또는 그렇게 적은 문자. (   )

낱말 활용

9 ~ 11 빈칸에 들어갈 알맞은 낱말을 찾아 선으로 이으세요.

9 [243005-0169]

그 공장에서는 가죽으로 지갑, 가방, 구두 등 다양한 ☐ 을 만든다. •

• ㉠ 믿음

10 [243005-0170]

나와 동생은 거실 ☐ 에 흩어져 있는 블록을 모두 주워 상자에 담았다. •

• ㉡ 바닥

11 [243005-0171]

언젠가는 두발자전거를 잘 탈 수 있다는 ☐ 을 가지고 열심히 연습했다. •

• ㉢ 제품

낱말 활용

12 ~ 15 ( ) 안에 알맞은 낱말을 보기에서 찾아 쓰세요.

보기
텃밭　　정돈　　으뜸　　간식

12 [243005-0172] 오후 세 시쯤에 배가 고파서 (　　　　)으로 떡볶이를 먹었다.

13 [243005-0173] 다양한 과일 중에서 내가 (　　　　)으로 꼽는 것은 복숭아이다.

14 [243005-0174] 책상 위가 지저분해서 깔끔하게 (　　　　)을 했더니 기분이 상쾌했다.

15 [243005-0175] 할아버지께서는 (　　　　)에서 키운 오이, 호박, 고추, 가지 등을 따서 바구니에 담으셨다.

찾아보기

『어휘가 문해력이다』 초등 2학년 2학기에 수록된 어휘를
과목별로 나누어 ㄱ, ㄴ, ㄷ … 순서로 정리했습니다.

과목별로 뜻이 궁금한 어휘를 바로바로 찾아보세요!

차례

국어 교과서 어휘

계절·인물·물건·기억 교과서 어휘

수학 교과서 어휘

한자 어휘

사진 자료 출처

- 게티이미지뱅크
- 88쪽 한국방송광고진흥공사, 2018.

어휘 학습 점검

초등 2학년 2학기

1주차에서 학습한 어휘를 잘 알고 있는지 ☑ 해 보고,
잘 모르는 어휘는 해당 쪽으로 가서 다시 한번 확인해 보세요.

어휘 학습 점검

초등 2학년 2학기

2주차에서 학습한 어휘를 잘 알고 있는지 ✔ 해 보고,
잘 모르는 어휘는 해당 쪽으로 가서 다시 한번 확인해 보세요.

EBS

문·해·력·은 EBS

당신의 문해력

초등

어휘가 문해력 이!다

초등 2학년 2학기

교과서 어휘 완성

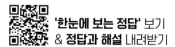

'한눈에 보는 정답' 보기
& 정답과 해설 내려받기

정답과 해설

1주차 1회 확인 문제
16~17쪽

1 (1) 매콤하다 (2) 상상하다
　　(3) 비교하다

2
흉	내

3 (1) 상상 (2) 비교
　　(3) 송골송골

4 (1) ㉢ (2) ㉡ (3) ㉠

5 (2) ○

6 (1) 도무지 (2) 수리 (3) 관련

1주차 2회 확인 문제
22~23쪽

1 (1)
낙	서	리	엽	화

　　(2)
주	말	절	기	차

　　(3)
소	나	집	들	이

2 (1) ㉡ (2) ㉠

3 (1) 절기 (2) 물놀이 (3) 낙엽

4 (1)
무	덥	다

　　(2)
꽃	샘	추	위

　　(3)
일	기	예	보

5 ④

6 (1) ㉢ (2) ㉠ (3) ㉡

1주차 3회 확인 문제
28~29쪽

1
국	❸기	계	힘
화	분	산	차
장	❶상	하	다
지	❷비	속	어

2 ④

3 (1) 공감 (2) 상했다 (3) 고운 말

4 (1) 크게 (2) 좋은
　　(3) 용기

5 ③

6 (1) × (2) ○ (3) ○

1주차 4회 확인 문제
34~35쪽

1 (1)
삼	천

　　(2)
오	천

2 (1)
천

　　(2)
삼	천

3 (1) 네 자리 수 (2) 구천

4
곱	,	구

5 곱셈표

6 (1) ㉠ (2) ㉢ (3) ㉡

1주차 5회 확인 문제
38~39쪽

1 (1)
❶약	❷초
	식

　　(2)
	❷화	
❶초	가	집

2
약	풀

3 (1) ㉡ (2) ㉢ (3) ㉠

4 마차 / 승차 / 하차 / 차창 / 차도 / 세차 / 기차 / 유아차 / 차비

5 승차

6 (1) 세차 (2) 차창 (3) 기차

1주차 어휘력 테스트
40~42쪽

1 (1) 나들이 (2) 세차 (3) 곱셈구구 (4) 기분
2 나뭇잎 **3** 천 **4** ⑤ **5** ③
6 (2) ○ **7** (1) ㉠ (2) ㉡ **8** 흉내 내는 말 **9** ○ **10** × **11** ○
12 비교 **13** 화초 **14** 매콤 **15** 칭찬

2주차 1회 확인 문제

1 (1) 도 구

(2) 중 심 내 용

(3) 간 추 리 다

(4) 파 악 하 다

2 ⑤

3 (1) 도구 (2) 파악 (3) 간추려

4 (1) ㉡ (2) ㉠ (3) ㉢

5 언 저 리

6 (1) ㉢ (2) ㉠ (3) ㉡

2주차 2회 확인 문제

1 (1) ㉠ (2) ㉢ (3) ㉡

2 (2) ○

3 (1) 위인 (2) 흔적 (3) 편경

4

언 ❶덕 분 리

교 환 ❸영 ❹본

기 승 향 받

❷침 착 하 다

5 ⑤

6 (1) 침착 (2) 영향 (3) 본받고

(4) 덕분

2주차 3회 확인 문제

1 (1) 안 기 사 부 내

(2) 설 감 각 명 탄

(3) 눈 끝 첫 인 사

2 문 장

3 (1) 안부 (2) 감탄 (3) 올림

4 (1) 복 (2) 치르다 (3) 옛이야기

5 (3) ○

6 (1) 치르기 (2) 복

(3) 어리둥절했다

2주차 4회 확인 문제

1 (1) 센 티 미 밀 터

(2) 글 곧 은 줄 자

2 ③

3 (1) 합 (2) 차

4 (1) ㉡ (2) ㉢ (3) ㉠ (4) ㉣

5 (1) 오전 (2) 이동 (3) I시간

2주차 5회 확인 문제

1 (1) ㉣ (2) ㉡ (3) ㉢ (4) ㉠

2 (1) 해산물 (2) 항해

(3) 해수욕 (4) 해외

3 (1) 후 식

(2) 후 회 (3) 후 문

4 ③

5 (1) × (2) ○

2주차 어휘력 테스트

1 ③ **2** 긴바늘 **3** 웃어른 **4** 악기 **5** ④ **6** ③ **7** (2) ○ **8** (2) ○

9 ㉡ **10** ㉠ **11** ㉢ **12** 줄자 **13** 흔적 **14** 이동 **15** 옷차림

3주차 1회 | 확인 문제
80~81쪽

1 (1) ㉡ (2) ㉢ (3) ㉠

2 (1) 작다 (2) 적다

3 (1) 바랐다 (2) 다른
　　(3) 가리켰다

4

5 시간

6 (1) 만발 (2) 훗날 (3) 올해
　　(4) 추억

3주차 2회 | 확인 문제
86~87쪽

1 (1) 최초 (2) 위대하다
　　(3) 적응하다

2 (1) 발견 (2) 발명

3 (1) ㉠ (2) ㉢ (3) ㉡

4 (1) ㉣ (2) ㉠ (3) ㉢ (4) ㉡

5 (1) 대신 (2) 행복 (3) 분해

3주차 3회 | 확인 문제
92~93쪽

1 (1) ✕ (2) ◯ (3) ✕

2 (1) ㉠ (2) ㉡

3 (1) 뒤숭숭 (2) 흥미 (3) 낭비

4 (1) 단 소 **매** **체** 트
　　(2) 야 **영** 하 세 **상**
　　(3) **누** 문 **리** 제 **집**

5 ③

6 (1) ㉠ (2) ㉢ (3) ㉡

3주차 4회 | 확인 문제
98~99쪽

1 (1) ㉠ (2) ㉡ (3) ㉢

2 (1) ㉡ (2) ㉠ (3) ㉢

3 (1) 학 용 품
　　(2) 자 료
　　(3) 합 계

4 표

5 (1) 합계 (2) 자료 (3) 조사

3주차 5회 | 확인 문제
102~103쪽

1 (1)

　　(2) ❶지 ❷평 선
　　　　　지

2 ③

3 (1) ◯

4 (1) 숫자 (2) 자판 (3) 한자
　　(4) 점자

5 ①

6 (1) 숫 자 (2) 자 판

3주차 어휘력 테스트
104~106쪽

1 (1) 흥미 (2) 매체 (3) 적응하다 (4) 분해하다 **2** 열두 **3** 물 **4** ③

5 (1) 개월 (2) 주일 **6** (1) ㉡ (2) ㉠ **7** (1) 바랐다 (2) 작아서 **8** 요일 **9** ◯

10 ✕ **11** ✕ **12** 날수 **13** 장치 **14** 위대 **15** 낭비

1

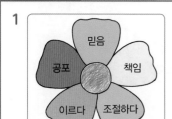

2 (1) ○

3 (1) 조절 (2) 책임 (3) 공포

4 (1) ㉢ (2) ㉡ (3) ㉠ (4) ㉣

5 (1) 의견 (2) 완벽

(3) 자신감 (4) 설득

1 (1) 무기 (2) 정상

2 (2) ○

3 (1) ㉡ (2) ㉠ (3) ㉢

4 (1)

표	지

(2)

응	원	하	다

(3)

교	과	서

5 ④

6 (1) 기다렸다 (2) 표지 (3) 응원

1

2

하	굣	길

3 (1) 밟아 (2) 창작

(3) 노랫말 (4) 작가

4 (1) ○ (2) ○ (3) ✕

5 ⑤

6 (1) 사인 (2) 호기심

(3) 등장인물

1 (1) ㉢ (2) ㉡ (3) ㉠

2

그	래	프

3 (1) 원한다 (2) 회 (3) 음료

4

5 ②

6 (1) 진열 (2) 평일 (3) 규칙

1 (1)

편	지	안	기	호

(2)

근	안	의	효	심

(3)

잘	과	반	안	녕

2 (1) ㉡ (2) ㉠

3 (1) ✕ (2) ○

4 (1) 약한 (2) 늙은

(3) 약해지는 (4) 노인들

5 노인

6 (1) 노화 (2) 경로당 (3) 노약자

1 ⑤   **2** 늘어놓다   **3** 먼저   **4** 만들어 내는   **5** 시상식   **6** 자신감   **7** ③

8 (2) ○   **9** ㉢   **10** ㉡   **11** ㉠   **12** 간식   **13** 으뜸   **14** 정돈   **15** 텃밭

1 (1) 매콤하다   (2) 상상하다   (3) 비교하다

2 | 흉 | 내 |

3 (1) 상상   (2) 비교   (3) 송골송골

4

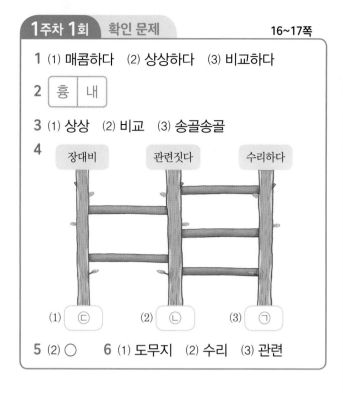

장대비   관련짓다   수리하다

(1) ㉢   (2) ㉡   (3) ㉠

5 (2) ○   **6** (1) 도무지   (2) 수리   (3) 관련

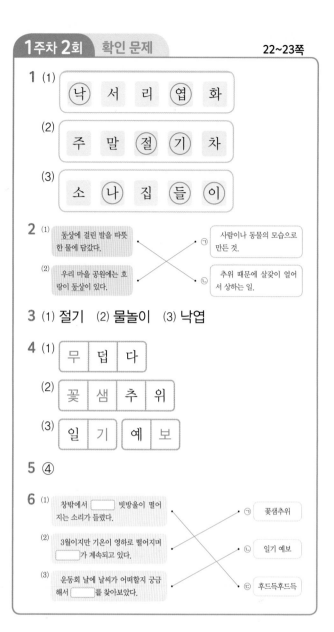

1 (1) 낙 [서] [리] 엽 [화]

   (2) [주] [말] 절 기 [차]

   (3) [소] 나 [집] 들 이

2 (1) 동상에 걸린 발을 따뜻한 물에 담갔다. — ㉡ 추위 때문에 살갗이 얼어서 상하는 일.

   (2) 우리 마을 공원에는 호랑이 동상이 있다. — ㉠ 사람이나 동물의 모습으로 만든 것.

3 (1) 절기   (2) 물놀이   (3) 낙엽

4 (1) | 무 | 덥 | 다 |

   (2) | 꽃 | 샘 | 추 | 위 |

   (3) | 일 | 기 | 예 | 보 |

5 ④

6 (1) 창밖에서 □□□ 빗방울이 떨어지는 소리가 들렸다. — ㉢ 후드득후드득

   (2) 3월이지만 기온이 영하로 떨어지며 □□□가 계속되고 있다. — ㉠ 꽃샘추위

   (3) 운동회 날에 날씨가 어떠할지 궁금해서 □□□를 찾아보았다. — ㉡ 일기 예보

---

1 (1) "냄새나 맛이 약간 맵다."라는 뜻을 가진 낱말은 '매콤하다'입니다. (2) "실제로 없는 것이나 겪지 않은 것을 머릿속에 떠올리다."라는 뜻을 가진 낱말은 '상상하다'입니다. (3) "둘 이상의 것을 함께 놓고 어떤 점이 같고 다른지 등을 살펴보다."라는 뜻을 가진 낱말은 '비교하다'입니다.

2 사람이나 사물의 소리, 모양, 움직임을 나타내는 말을 '흉내 내는 말'이라고 합니다.

3 (1) 실제로 겪지 않은 것을 머릿속에 떠올린 것이므로 '상상하다'의 '상상'이 알맞습니다. (2) 두 개의 가방을 함께 놓고 어느 것이 더 가볍고 튼튼한지 살펴본 것이므로 '비교하다'의 '비교'가 알맞습니다. (3) 땀이나 물방울이 살갗이나 겉쪽에 작게 많이 돋아나 있는 모양을 뜻하는 '송골송골'이 알맞습니다.

4 ㉠은 '수리하다', ㉡은 '장대비', ㉢은 '관련짓다'의 뜻입니다.

5 친구들과 좋아하는 음식에 대해 이야기를 주고받은 것이므로 (2)의 뜻이 알맞습니다.

6 (1) 수수께끼의 답을 아무리 해도 모르겠다는 내용이므로 '도무지'가 알맞습니다. (2) 자전거가 고장 나면 고쳐야 하므로 '수리하다'의 '수리'가 알맞습니다. (3) 내가 알고 있는 내용과 서로 관계를 맺으면서 글을 읽었다는 내용이므로 '관련짓다'의 '관련'이 알맞습니다.

---

3 (1) 입동은 스물네 개의 절기 중 하나입니다. (2) 나와 동생이 바다에 들어가 신나게 논 것이므로 '물놀이'가 알맞습니다. (3) 늦가을에는 나무 아래에 말라서 떨어진 나뭇잎이 수북이 쌓이므로 '낙엽'이 알맞습니다.

5 날씨나 바람이 상당히 차가운 것을 뜻하는 '쌀쌀하다'와 뜻이 비슷한 말은 '냉랭하다'입니다.

6 (1) 빗방울이 떨어지는 소리를 나타내는 말은 '후드득후드득'이 알맞습니다. (2) 봄이지만 기온이 영하로 떨어지며 추운 날씨가 계속되고 있다는 내용이므로 '꽃샘추위'가 알맞습니다. (3) 날씨가 어떠할지 궁금해서 찾아본 것이므로 '일기 예보'가 알맞습니다.

2 ④   **3** (1) 공감   (2) 상했다   (3) 고운 말
4 (1) 크게   (2) 좋은   (3) 용기   **5** ③
6 (1) ×   (2) ○   (3) ○

1 ❶의 뜻을 가진 낱말은 '상하다', ❷의 뜻을 가진 낱말은 '비속어', ❸의 뜻을 가진 낱말은 '기분'입니다.

2 다른 사람의 마음이나 생각에 대해 자기도 그렇다고 느끼는 것을 뜻하는 '공감하다'와 뜻이 비슷한 말은 '동감하다'입니다.

3 (1) 언니가 만화 영화 속 아이의 슬픈 마음에 대해 자기도 그렇다고 느껴 눈물을 흘린 것이므로 '공감하다'의 '공감'이 알맞습니다. (2) 친구들이 느림보라고 놀리면 마음이 좋지 않을 것이므로 '상했다'가 알맞습니다. (3) "다치지 않았니? 내가 급하게 가느라 너를 못 봤어. 미안해."라는 말은 다른 사람의 마음을 헤아려 부드럽게 하는 말이므로 '고운 말'이 알맞습니다.

4 (1) '부풀리다'는 "어떤 일을 실제보다 더 크게 나타내다."라는 뜻입니다. (2) '칭찬하다'는 "좋은 점이나 잘한 일에 대해 훌륭하다고 말로 나타내다."라는 뜻입니다. (3) '격려하다'는 "말이나 행동으로 용기나 하고 싶은 마음이 생기도록 해 주다."라는 뜻입니다.

5 성훈이는 배드민턴을 함께 치자는 여자아이의 말에 관심 없는 듯한 태도를 보였습니다. 따라서 "자극에 대해 어떤 동작이나 태도를 보이다."라는 뜻을 가진 '반응하다'의 '반응'이 알맞습니다.

6 (1) '칭찬하다'는 좋은 점이나 잘한 일에 대해 훌륭하다고 말로 나타내는 것입니다. 따라서 교실 바닥에 쓰레기를 함부로 버리는 행동과 같이 잘못한 점을 말할 때 쓰는 것은 알맞지 않습니다.

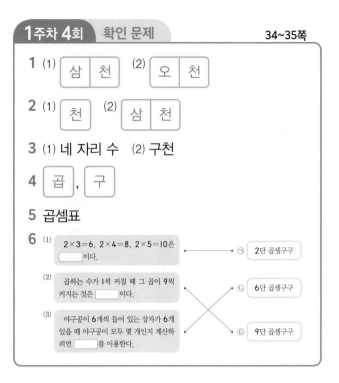

1 (1) 1000이 3개인 수는 '삼천'입니다. (2) 1000이 5개인 수는 '오천'입니다.

2 (1) 콩을 한 자루에 100개씩 10자루에 담으면 콩은 모두 천 개입니다. (2) 콩을 한 자루에 1000개씩 3자루에 담으면 콩은 모두 삼천 개입니다.

3 (1) 7893은 천의 자리까지 있는 '네 자리 수'입니다. (2) 1000원짜리 손수건을 9장 사려면 구천 원이 필요하므로 '구천'이 알맞습니다.

4 1에서 9까지의 수를 두 수끼리 서로 곱해 그 값을 나타낸 것을 '곱셈구구'라고 합니다.

5 세로줄과 가로줄에 있는 두 수를 곱했을 때의 값을 정리해 놓은 곱셈표입니다.

6 (1) $2 \times 3 = 6$, $2 \times 4 = 8$, $2 \times 5 = 10$은 2단 곱셈구구입니다. (2) 곱하는 수가 1씩 커질 때 그 곱이 9씩 커지는 것은 9단 곱셈구구입니다. (3) 야구공이 6개씩 들어 있는 상자가 6개 있을 때 야구공이 모두 몇 개인지는 $6 \times 6 = 36$(개)과 같이 6단 곱셈구구를 이용해 계산합니다.

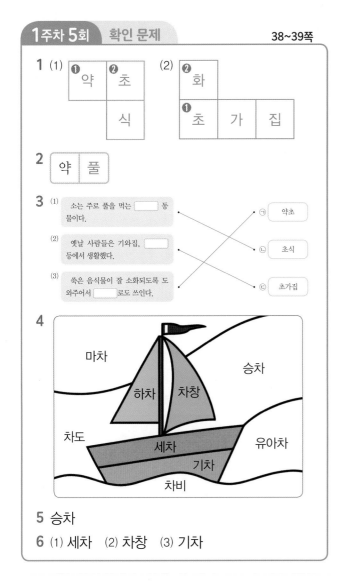

1 (1) ❶약 ❷초 / 식   (2) ❷화 / ❶초 가 집

2 약 풀

3 (1) 소는 주로 풀을 먹는 □□ 동물이다.   ㉢ 초가집
(2) 옛날 사람들은 기와집, □□ 등에서 생활했다.   ㉡ 초식
(3) 쑥은 음식물이 잘 소화되도록 도와주어서 □□로도 쓰인다.   ㉠ 약초

4 마차 / 승차 / 하차 차창 / 세차 / 유아차 / 차도 / 기차 / 차비

5 승차

6 (1) 세차   (2) 차창   (3) 기차

2 '약초'와 '약풀'은 모두 약으로 쓰는 풀을 뜻합니다.

3 (1) 주로 풀을 먹는다고 했으므로 '초식'이 알맞습니다. (2) 옛날 사람들이 생활했던 곳이라고 했으므로 '초가집'이 알맞습니다. (3) 쑥이 약처럼 쓰인다는 내용이므로 '약초'가 알맞습니다.

4 (1)의 뜻을 가진 낱말은 '하차', (2)의 뜻을 가진 낱말은 '차창', (3)의 뜻을 가진 낱말은 '세차', (4)의 뜻을 가진 낱말은 '기차'입니다.

5 타고 있던 차에서 내리는 것을 뜻하는 '하차'와 뜻이 반대되는 말은 차를 타는 것을 뜻하는 '승차'입니다. '도착'은 목적한 곳에 다다름을, '주차'는 자동차를 일정한 곳에 세워 둠을 뜻합니다.

6 (1) 자동차를 씻으면 새것처럼 깨끗하므로 '세차'가 알맞습니다. (2) 버스 밖의 모습을 버스에 달려 있는 창문을 통해 본 것이므로 '차창'이 알맞습니다. (3) 여행을 가기 위해 탈것을 이용한 것이므로 '기차'가 알맞습니다.

1 (1) 나들이   (2) 세차   (3) 곱셈구구   (4) 기분
2 나뭇잎   **3** 천   **4** ⑤   **5** ③
6 (2) ○   **7** (1) ㉠   (2) ㉡
8 흉내 내는 말   **9** ○   **10** ×
11 ○   **12** 비교   **13** 화초
14 매콤   **15** 칭찬

4 '조언하다'는 "다른 사람에게 어려움이 있을 때 말로 해결 방법을 알려 주어서 돕다."라는 뜻입니다. ①의 뜻을 가진 낱말은 '나누다', ②의 뜻을 가진 낱말은 '상상하다', ③의 뜻을 가진 낱말은 '칭찬하다', ④의 뜻을 가진 낱말은 '공감하다'입니다.

5 고장 난 것을 손보아 고치는 것을 뜻하는 '수리하다'는 낡거나 헌 물건을 고치는 것을 뜻하는 '수선하다'와 뜻이 비슷해서 서로 바꾸어 쓸 수 있습니다. ① '구입하다'는 "물건을 사들이다.", ② '분리하다'는 "서로 나누어 떨어지게 하다.", ④ '수집하다'는 "취미나 연구를 위해 여러 가지 물건이나 재료를 찾아 모으다.", ⑤ '운반하다'는 "물건을 옮겨 나르다."라는 뜻입니다.

6 (1) '약초'와 '약풀', (3) '공감하다'와 '동감하다', (4) '쌀쌀하다'와 '냉랭하다'는 뜻이 비슷한 말입니다.

9 '무덥다'는 날씨가 찌는 듯이 아주 더운 것을 뜻하므로 알맞게 쓰였습니다.

10 '장대비'는 빗줄기가 굵고 거세게 좍좍 내리는 비를 뜻하므로 알맞게 쓰이지 않았습니다. '장대비' 대신에 빗줄기가 매우 가늘어서 안개처럼 부옇게 보이는 비를 뜻하는 '안개비'를 써야 알맞습니다.

11 '부풀리다'는 어떤 일을 실제보다 더 크게 나타내는 것을 뜻하므로 알맞게 쓰였습니다.

12 둘 이상의 것을 함께 놓고 어떤 점이 같고 다른지 등을 살펴보는 것을 뜻하는 '비교하다'의 '비교'가 알맞습니다.

13 꽃이 피는 풀과 나무, 또는 두고 보면서 즐기는 모든 식물을 뜻하는 '화초'가 알맞습니다.

14 라면에 고춧가루를 넣으면 약간 매울 것이므로 '매콤하다'의 '매콤'이 알맞습니다.

15 좋은 점이나 잘한 일에 대해 훌륭하다고 말로 나타내는 것을 뜻하는 '칭찬하다'의 '칭찬'이 알맞습니다.

1 (1) 도 구 (2) 중 심 내 용

(3) 간 추 리 다

(4) 파 악 하 다

2 ⑤   **3** (1) 도구 (2) 파악 (3) 간추려

4

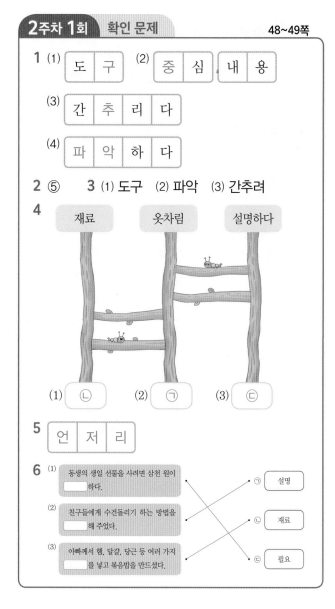

재료   옷차림   설명하다

(1) ㉡   (2) ㉠   (3) ㉢

5 언 저 리

6 (1) 동생의 생일 선물을 사려면 삼천 원이 □□ 하다. — ㉠ 설명

(2) 친구들에게 수건돌리기 하는 방법을 □□ 해 주었다. — ㉡ 재료

(3) 아빠께서 햄, 달걀, 당근 등 여러 가지 □□를 넣고 볶음밥을 만드셨다. — ㉢ 필요

3 (1) 가위는 무엇인가를 자를 때 쓰는 물건이므로 '도구'가 알맞습니다. (2) 딴생각을 하며 책을 읽으면 책의 내용을 확실하게 이해하여 알지 못한다는 내용이므로 '파악하다'의 '파악'이 알맞습니다. (3) 언니가 만화 영화에서 중요한 내용만 골라 간단하게 정리해 말해 주어서 만화 영화의 내용을 알고 있다는 내용이므로 '간추려'가 알맞습니다.

5 '수변'은 어떤 대상의 둘레를 뜻하며 '언저리'와 뜻이 비슷해서 서로 바꾸어 쓸 수 있습니다.

6 (1) 동생의 생일 선물을 사려면 삼천 원이 꼭 있어야 한다는 내용이므로 '필요하다'의 '필요'가 알맞습니다. (2) 친구들이 수건돌리기 하는 방법을 잘 알 수 있도록 말해 주었다는 내용이므로 '설명하다'의 '설명'이 알맞습니다. (3) 볶음밥을 만드는 데 햄, 달걀, 당근 등이 들어갔다는 내용이므로 '재료'가 알맞습니다.

1 (1) 위인 — ㉠ 뛰어나고 훌륭한 사람.

(2) 편경 — ㉡ 햇빛에 의해 생기는 그림자를 이용해 시간을 재는 시계.

(3) 해시계 — ㉢ 두께가 다른 기역(ㄱ) 자 모양의 돌 16개를 나무틀에 매달고 방망이로 쳐서 소리를 내는 악기.

2 (2) ○   **3** (1) 위인 (2) 흔적 (3) 편경

4

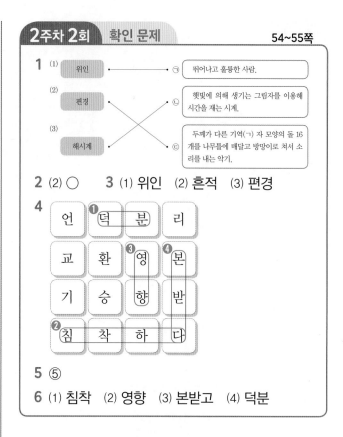

언 | ❶덕 | 분 | 리
교 | 환 | ❸영 | ❹본
기 | 승 | 향 | 받
❷침 | 착 | 하 | 다

5 ⑤

6 (1) 침착 (2) 영향 (3) 본받고 (4) 덕분

2 (1) '빛내다'는 "어떤 것을 훌륭하거나 뛰어난 것으로 만들다."라는 뜻이므로, 길거리의 벽에 낙서를 하는 행동에는 알맞지 않습니다.

3 (1) 일본에 빼앗긴 나라를 되찾기 위해 노력한 유관순은 훌륭한 사람이므로 '위인'이 알맞습니다. (2) 흙탕물을 튀기며 논 뒤에 옷에 남겨진 것이 있었다는 내용이므로 '흔적'이 알맞습니다. (3) 우리나라 전통 음악을 연주하는 데 쓰는 악기라고 했으므로 '편경'이 알맞습니다.

4 ❶의 뜻을 가진 낱말은 '덕분', ❷의 뜻을 가진 낱말은 '침착하다', ❸의 뜻을 가진 낱말은 '영향', ❹의 뜻을 가진 낱말은 '본받다'입니다.

5 사는 일 또는 살아 있음을 뜻하는 '삶'과 뜻이 반대되는 말은 죽는 일을 뜻하는 '죽음'입니다.

6 (1) 불이 났을 때 흥분하지 않고 차분하게 대피해야 한다는 내용이므로 '침착하다'의 '침착'이 알맞습니다. (2) 고모가 수영 선수여서 내가 수영을 좋아하게 되었다는 내용이므로 '영향'이 알맞습니다. '고향'은 자기가 태어나서 자란 곳을 뜻합니다. (3) 오빠가 이순신 장군의 훌륭한 점을 배우고 그대로 따라 하고 싶어 한다는 내용이므로 '본받고'가 알맞습니다. (4) 할아버지의 도움을 받아 한글을 읽고 쓰게 되었다는 내용이므로 '덕분'이 알맞습니다.

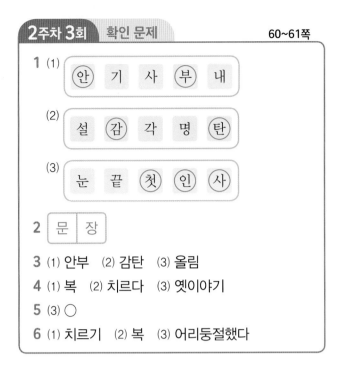

1 (1) 안 기 사 부 내 → **안**
(2) 설 감 각 명 탄 → **감**
(3) 눈 끝 첫 인 사 → **첫**

2 문 장

3 (1) 안부　(2) 감탄　(3) 올림

4 (1) 복　(2) 치르다　(3) 옛이야기

5 (3) ○

6 (1) 치르기　(2) 복　(3) 어리둥절했다

1 (1) 어떤 사람이 편안하게 잘 지내는지에 대한 소식을 '안부'라고 합니다. (2) 기쁨, 슬픔, 놀람 등의 느낌을 나타내는 문장을 '감탄하는 문장'이라고 합니다. (3) 사람을 처음 만났을 때나 편지에서 처음으로 하는 인사를 '첫인사'라고 합니다.

2 문장의 뜻을 잘 나타내기 위해 쓰는 여러 가지 부호를 '문장 부호'라고 합니다.

3 (1) 할머니께서 잘 지내고 계시는지에 대한 소식을 여쭈어 본 것이므로 '안부'가 알맞습니다. (2) "씨앗이 참 작구나!"라는 문장은 감탄하는 문장입니다. (3) 웃어른에게 편지를 쓸 때 쓴 사람 이름 뒤에는 '올림'을 써야 합니다.

4 (1) 살면서 누리는 행운을 '복'이라고 합니다. (2) 주어야 할 돈을 내주는 것을 '치르다'라고 합니다. (3) 예전부터 전해져 내려오는 이야기를 '옛이야기'라고 합니다.

5 제시된 문장에 쓰인 '맡다'는 "코로 냄새를 느끼다."라는 뜻이므로 같은 뜻으로 쓰인 것은 (3)입니다. (1)과 (2)에 쓰인 '맡다'는 "책임을 지고 어떤 일을 하다."라는 뜻입니다.

6 (1) 엄마께서 음식값을 식당 주인에게 주기 위해 돈을 꺼내신 것이므로 '치르기'가 알맞습니다. (2) 흥부가 부자가 된 것은 행운이 따른 것이므로 '복'이 알맞습니다. (3) 재미있는 이야기를 나누다가 친구가 갑자기 운다면 얼떨떨할 것이므로 '어리둥절했다'가 알맞습니다.

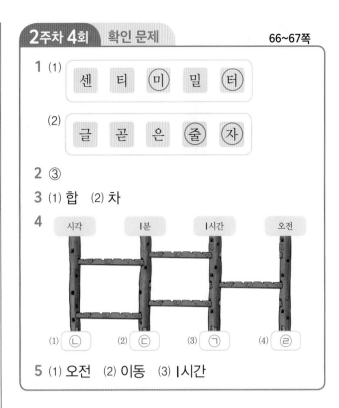

1 (1) 센 티 미 밀 터 → **미**
(2) 글 곧 은 줄 자 → **줄**

2 ③

3 (1) 합　(2) 차

4 시각　1분　1시간　오전
(1) ㉡　(2) ㉢　(3) ㉠　(4) ㉣

5 (1) 오전　(2) 이동　(3) 1시간

1 (1) 100cm와 같은 길이를 '1미터'라고 합니다. (2) 헝겊이나 강철로 띠처럼 만든 자를 '줄자'라고 합니다.

2 "거리가 많이 떨어지게."라는 뜻을 가진 '멀리'와 뜻이 반대되는 말은 "거리가 조금 떨어져 있게."라는 뜻을 가진 '가까이'입니다.

3 (1) 6m 80cm는 4m 30cm와 2m 50cm를 더한 값이므로 '합'이 알맞습니다. (2) 3m 10cm는 6m 40cm에서 3m 30cm를 뺀 나머지이므로 '차'가 알맞습니다.

4 ㉠은 '시각', ㉡은 '오전', ㉢은 '1시간', ㉣은 '1분'의 뜻입니다.

5 (1) 1교시 수업은 아침에 시작하므로 '오전'이 알맞습니다. (2) 공놀이를 하기 위해 운동장으로 움직여 옮긴 것이므로 '이동하다'의 '이동'이 알맞습니다. '이사하다'는 사는 곳을 다른 데로 옮기는 것을 뜻합니다. (3) 길이 많이 막혀서 집에 오는 시간이 오래 걸렸다는 내용이므로 '1시간'이 알맞습니다.

1
(1) ㄹ (2) ㄴ (3) ㄷ (4) ㄱ

2 (1) 해산물 (2) 항해 (3) 해수욕 (4) 해외

3 (1) 후 식 (2) 후 회 (3) 후 문

4 ③

5 (1) ✕ (2) ○

1 ㄱ은 '해외', ㄴ은 '항해', ㄷ은 '해산물', ㄹ은 '해수욕'의 뜻입니다.

2 (1) 오징어는 바다에서 나는 동물이므로 '해산물'이 알맞습니다. (2) 배가 오랜 시간 바다 위를 다니다가 육지에 도착한 것이므로 '항해'가 알맞습니다. (3) 바다에서 할 수 있다고 했으므로 '해수욕'이 알맞습니다. (4) 삼촌이 다른 나라로 여행을 자주 다녀 외국의 문화를 많이 아는 것이므로 '해외'가 알맞습니다.

3 (1) 식사 뒤에 먹는 간단한 음식을 뜻하는 낱말은 '후식'입니다. (2) 이전의 잘못을 깨닫고 뉘우침을 뜻하는 낱말은 '후회'입니다. (3) 집이나 건물의 뒤나 옆으로 난 문을 뜻하는 낱말은 '후문'입니다.

4 '후퇴'는 뒤로 물러남을 뜻하며 '퇴각'과 뜻이 비슷해서 서로 바꾸어 쓸 수 있습니다. ① '방해'는 일이 제대로 되지 못하도록 간섭하고 막음을, ② '전진'은 움직여서 앞으로 나아감을, ④ '퇴원'은 일정 기간 동안 병원에 머물며 치료를 받던 환자가 병원에서 나옴을, ⑤ '훈련'은 기본자세나 동작 등을 되풀이하여 익힘을 뜻합니다.

5 (1) '후식'은 식사 뒤에 먹는 간단한 음식을 뜻하므로 저녁을 먹기 전에 먹은 것을 '후식'이라고 하는 것은 알맞지 않습니다.

1 ③ **2** 긴바늘 **3** 웃어른
4 악기 **5** ④ **6** ③
7 (2) ○ **8** (2) ○ **9** ㄴ
10 ㄱ **11** ㄷ **12** 줄자
13 흔적 **14** 이동 **15** 옷차림

1 ③ '침착하다'는 "어떤 일에 흥분하지 않고 차분하다."라는 뜻입니다. "마음이 가라앉지 않고 들떠서 두근거리다."라는 뜻을 가진 낱말은 '설레다'입니다.

2 '1시간'은 시계의 긴바늘이 한 바퀴를 도는 데 걸리는 시간을 뜻합니다. 시계의 짧은바늘이 한 바퀴를 도는 데 걸리는 시간은 12시간입니다.

3 '올림'은 웃어른에게 편지를 쓸 때 쓴 사람의 이름 뒤에 붙이는 말입니다.

4 '편경'은 두께가 다른 기역(ㄱ) 자 모양의 돌 16개를 나무틀에 매달고 방망이로 쳐서 소리를 내는 악기입니다.

5 '간추리다'는 "글이나 말에서 중요한 점만 골라 간단하게 정리하다."라는 뜻이고, '요약하다'는 "글이나 말에서 중요한 것을 골라 짧게 만들다."라는 뜻입니다. 따라서 '간추리다'와 '요약하다'는 뜻이 비슷해서 서로 바꾸어 쓸 수 있습니다.

6 ③ '주변'과 '언저리'는 뜻이 비슷한 말입니다.

7 문방구 주인에게 필통값으로 줄 돈이 모자랐다는 내용이므로 (2)의 뜻이 알맞습니다.

8 (1)의 친구는 묻는 문장을 사용해 말했고, (3)의 친구는 설명하는 문장을 사용해 말했습니다.

9 바다에서 나는 동물과 식물을 뜻하는 '해산물'이 알맞습니다.

10 일을 할 때 쓰는 물건을 뜻하는 '도구'가 알맞습니다.

11 햇빛에 의해 생기는 그림자를 이용해 시간을 재는 시계를 뜻하는 '해시계'가 알맞습니다.

12 아빠의 허리를 한 바퀴 돈 길이가 얼마나 되는지 쟀다는 내용이므로 '줄자'가 알맞습니다.

13 어떤 현상이나 사물이 없어지거나 지나간 뒤에 남겨진 것을 뜻하는 '흔적'이 알맞습니다.

14 움직여 옮기거나 자리를 바꾸는 것을 뜻하는 '이동하다'의 '이동'이 알맞습니다.

15 옷을 입은 모양을 뜻하는 '옷차림'이 알맞습니다.

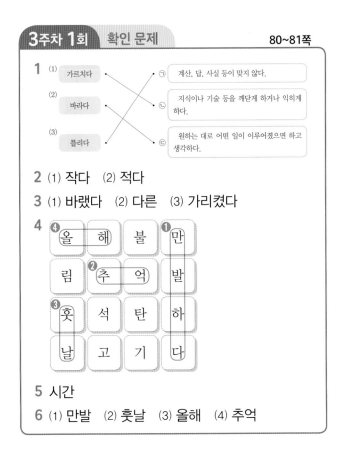

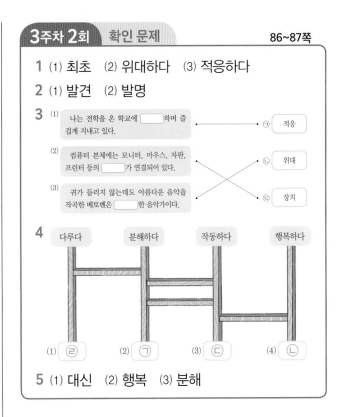

3
주차

2 (1) 길이, 넓이 등이 보통 정도를 넘는 것을 뜻하는 '크다'와 뜻이 반대되는 말은 길이, 넓이 등이 비교하는 것이나 보통보다 덜한 것을 뜻하는 '작다'입니다. (2) 수, 양 등이 일정한 기준을 넘는 것을 뜻하는 '많다'와 뜻이 반대되는 말은 수, 양 등이 일정한 기준에 미치지 못하는 것을 뜻하는 '적다'입니다.

3 (1) 햇볕 때문에 책의 색이 변했다는 내용이므로 '바랬다'가 알맞습니다. (2) 우리가 주문한 음식과 같지 않은 음식이 배달되었다는 내용이므로 '다른'이 알맞습니다. (3) 형이 약국 가는 쪽을 손가락으로 집어서 보였다는 내용이므로 '가리켰다'가 알맞습니다.

5 장소를 나타내는 말은 방, 운동장, 길거리 등 어떤 일이 일어난 곳을 나타내는 말입니다.

6 (1) 라일락꽃이 활짝 다 피어 향기가 멀리까지 퍼진 것이므로 '만발하다'의 '만발'이 알맞습니다. (2) 시간이 지난 뒤에도 재민이와 친하게 지낼 것이라는 내용이므로 '훗날'이 알맞습니다. (3) 지금 지나가고 있는 해가 두 달밖에 남지 않았다는 내용이므로 '올해'가 알맞습니다. (4) 1학년 때 할아버지 할머니와 함께 여행하면서 쌓은 일을 잊을 수 없다는 내용이므로 '추억'이 알맞습니다.

1 (1) 맨 처음을 뜻하는 낱말은 '최초'입니다. (2) 뛰어나고 훌륭한 것을 뜻하는 낱말은 '위대하다'입니다. (3) 조건이나 환경에 익숙해지거나 알맞게 되는 것을 뜻하는 낱말은 '적응하다'입니다.

2 (1) 사자가 먹잇감을 찾아냈다는 내용이므로 '발견하다'의 '발견'이 알맞습니다. (2) 딕슨이 전에 없던 밴드 반창고를 새로 생각해 만들어 냈다는 내용이므로 '발명하다'의 '발명'이 알맞습니다.

3 (1) 전학을 온 학교에 익숙해지며 즐겁게 지내고 있다는 내용이므로 '적응하다'의 '적응'이 알맞습니다. (2) 컴퓨터 본체에 각각 다른 일을 해내는 기계나 도구가 연결되어 있는 것이므로 '장치'가 알맞습니다. (3) 귀가 들리지 않는데도 아름다운 음악을 작곡한 베토벤은 뛰어나고 훌륭한 음악가이므로 '위대하다'의 '위대'가 알맞습니다.

4 ㉠은 '다루다', ㉡은 '작동하다', ㉢은 '행복하다', ㉣은 '분해하다'의 뜻입니다.

5 (1) 빵과 우유가 밥의 역할을 한 것이므로 '대신'이 알맞습니다. (2) 자전거를 선물로 받은 형이 만족과 기쁨을 느껴 웃은 것이므로 '행복하다'의 '행복'이 알맞습니다. (3) 선풍기를 안전망, 날개, 받침대 등으로 따로따로 나누어 먼지를 닦은 뒤 다시 합쳐 놓았다는 내용이므로 '분해하다'의 '분해'가 알맞습니다.

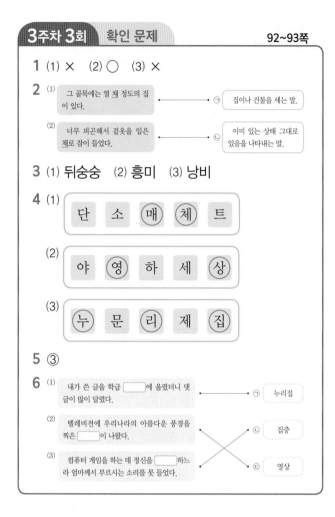

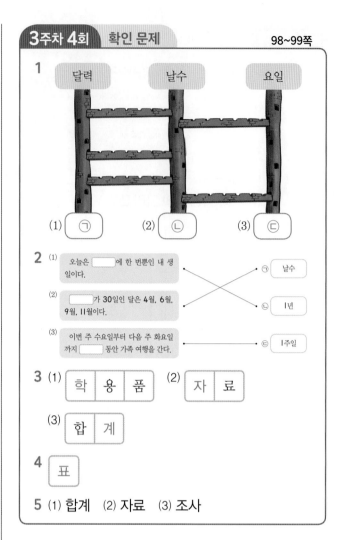

3 (1) 새 동네로 이사를 가게 되었다면 마음이 불안하고 걱정스러울 것이므로 '뒤숭숭하다'의 '뒤숭숭'이 알맞습니다. (2) 영어가 마음을 쏠리게 하는 재미가 있어 오빠가 날마다 영어 공부를 열심히 하는 것이므로 '흥미'가 알맞습니다. (3) 아무 일도 하지 않고 노는 것은 시간을 헛되이 함부로 쓰는 것이므로 '낭비하다'의 '낭비'가 알맞습니다.

4 (1) 어떤 사실을 널리 전달하는 도구를 '매체'라고 합니다. (2) 영사막이나 텔레비전 화면에 나타나는 모습을 '영상'이라고 합니다. (3) 사람들이 인터넷에 연결해서 볼 수 있도록 만든 문서를 '누리집'이라고 합니다.

5 '친숙하다'는 "친하여 익숙하다."라는 뜻으로 '친근하다'와 뜻이 비슷해서 서로 바꾸어 쓸 수 있습니다.

6 (1) 댓글이 달렸다는 것으로 보아 '누리집'이 알맞습니다. (2) 텔레비전 화면에 우리나라의 아름다운 풍경이 나온 것이므로 '영상'이 알맞습니다. (3) 엄마께서 부르시는 소리를 못 들을 정도로 컴퓨터 게임을 하는 것에 온 정신을 쏟아부은 것이므로 '집중하다'의 '집중'이 알맞습니다.

1 ㉠은 '날수', ㉡은 '달력', ㉢은 '요일'의 뜻입니다.

2 (1) 생일은 1년에 한 번뿐이므로 '1년'이 알맞습니다. (2) 4월, 6월, 9월, 11월의 날의 개수가 각각 30일이므로 '날수'가 알맞습니다. (3) 이번 주 수요일부터 다음 주 화요일까지는 7일이므로 '1주일'이 알맞습니다.

3 (1)은 '학용품', (2)는 '자료', (3)은 '합계'의 뜻입니다.

4 제시된 것은 반 학생들이 태어난 계절별 학생 수를 한눈에 알아보기 쉽게 나타낸 표입니다.

5 (1) 한데 합해 계산하여 나온 수를 뜻하는 '합계'가 알맞습니다. (2) 공룡에 대해 발표하는 데 바탕이 되는 재료를 인터넷에서 찾아보았다는 것이므로 '자료'가 알맞습니다. (3) 한 사람씩 좋아하는 운동을 말하는 방법으로 우리 반 친구들이 좋아하는 운동을 자세히 살펴본 것이므로 '조사하다'의 '조사'가 알맞습니다.

1 (1)

❶육	❷지
	하

(2)

❶지	❷평	선
	지	

2 ③

3 (1) ○

4 (1) 숫자　(2) 자판　(3) 한자　(4) 점자

5 ①

6 (1)

숫	자

(2)

자	판

1 (1) 가로 ❶은 '육지', 세로 ❷는 '지하'의 뜻입니다. (2) 가로 ❶은 '지평선', 세로 ❷는 '평지'의 뜻입니다.

2 땅속을 뜻하는 '지하'와 뜻이 반대되는 말은 '지상'입니다. ② '지구'는 우리가 살고 있는 행성을 뜻하고, ⑤ '흙더미'는 흙을 한데 모아 쌓은 큰 덩어리를 뜻합니다.

3 (2) 상어, 연어, 가오리, 멸치 등 다양한 종류의 물고기가 사는 곳은 '바다'이므로, '육지'는 알맞지 않습니다.

4 (1) 수를 나타내는 글자를 뜻하는 낱말은 '숫자'입니다. (2) 컴퓨터에서 문자를 입력하는 판을 뜻하는 낱말은 '자판'입니다. (3) 중국에서 만들어져 오늘날에도 쓰이고 있는 문자를 뜻하는 낱말은 '한자'입니다. (4) 손가락으로 더듬어 읽도록 만든 시각 장애인용 문자를 뜻하는 낱말은 '점자'입니다.

5 앞이 보이지 않는 사람들을 위한 문자인 '점자'가 알맞습니다.

6 (1) 302는 수를 나타내는 글자이므로 '숫자'의 '자'가 알맞습니다. (2) 컴퓨터에서 문자를 입력하는 판인 '자판'의 '판'이 알맞습니다.

1 (1) 흥미　(2) 매체　(3) 적응하다　(4) 분해하다

2 열두　**3** 물　**4** ③

5 (1) 개월　(2) 주일　**6** (1) ㉡　(2) ㉠

7 (1) 바랐다　(2) 작아서　**8** 요일　**9** ○

10 ×　**11** ×　**12** 날수

13 장치　**14** 위대　**15** 낭비

4 맨 처음을 뜻하는 '최초'와 뜻이 반대되는 말은 맨 나중을 뜻하는 '최종'입니다. ① '최대'는 수나 양 등이 가장 큼을, ② '최신'은 가장 새로움을, ④ '최하'는 높이, 수준, 등급 등의 맨 아래를, ⑤ '최우수'는 여럿 가운데 가장 뛰어남을 뜻합니다.

5 (1) 한 해를 12로 나눈 것 중 하나의 기간을 세는 말인 '개월'이 알맞습니다. (2) 7일 동안을 세는 말인 '주일'이 알맞습니다.

6 (1) 환경 오염 문제를 소재로 삼은 영화를 본 것이므로 ㉡의 뜻이 알맞습니다. (2) 스마트폰을 잘 사용하고 싶다는 것이므로 ㉠의 뜻이 알맞습니다.

7 (1) '바라다'는 원하는 대로 어떤 일이 이루어졌으면 하고 생각하는 것을 뜻하고, '바래다'는 볕이나 습기를 받아 색이 변하는 것을 뜻하므로 '바랐다'가 알맞습니다. (2) '작다'는 길이, 넓이 등이 비교하는 것이나 보통보다 덜한 것을 뜻하고, '적다'는 수, 양 등이 일정한 기준에 미치지 못하는 것을 뜻하므로 '작아서'가 알맞습니다.

10 '친숙하다'는 친하여 익숙한 것을 뜻합니다. 새로 만난 친구들이 익숙하지 않아서 인사도 나누지 못하고 교실을 나와 버린 것이므로 '친숙하다'가 알맞게 쓰이지 않았습니다. '친숙해서' 대신에 '전에 본 기억이 없어 익숙하지 않아서'를 뜻하는 '낯설어서'를 써야 합니다.

11 '발명하다'는 전에 없던 것을 새로 생각해 만들어 내는 것을 뜻하므로 알맞게 쓰이지 않았습니다. '발명해' 대신에 '아직 찾아내지 못한 것을 찾아내'를 뜻하는 '발견해'를 써야 합니다.

12 날의 개수를 뜻하는 '날수'가 알맞습니다.

14 뛰어나고 훌륭한 것을 뜻하는 '위대하다'의 '위대'가 알맞습니다.

15 돈, 시간, 물건 등을 헛되이 함부로 쓰는 것을 뜻하는 '낭비하다'의 '낭비'가 알맞습니다.

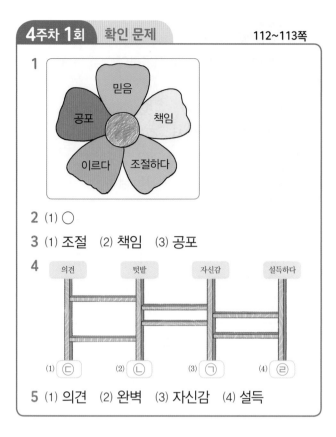

1

2 (1) ○

3 (1) 조절 (2) 책임 (3) 공포

4

의견	텃밭	자신감	설득하다
(1) ⓒ	(2) ⓛ	(3) ⓝ	(4) ⓡ

5 (1) 의견 (2) 완벽 (3) 자신감 (4) 설득

---

1 (1) 무기 (2) 정상

2 (2) ○

3

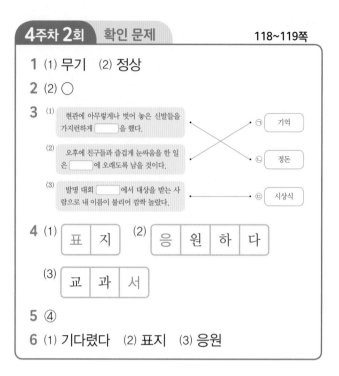

(1) 현관에 아무렇게나 벗어 놓은 신발들을 가지런하게 □□을 했다. · · ⓝ 기억
(2) 오후에 친구들과 즐겁게 눈싸움을 한 일은 □□에 오래도록 남을 것이다. · · ⓛ 정돈
(3) 발명 대회 □□에서 대상을 받는 사람으로 내 이름이 불리어 깜짝 놀랐다. · · ⓒ 시상식

4 (1) 표지 (2) 응원하다 (3) 교과서

5 ④

6 (1) 기다렸다 (2) 표지 (3) 응원

---

2 아이가 한 말에 쓰인 '이르다'는 "기준이 되는 때보다 앞서거나 빠르다."라는 뜻이므로 같은 뜻으로 쓰인 것은 (1)입니다. (2)에 쓰인 '이르다'는 "어떤 사람의 잘못을 윗사람에게 말하여 알게 하다."라는 뜻이고, (3)에 쓰인 '이르다'는 "어떤 장소나 시간에 닿다."라는 뜻입니다.

3 (1) 텔레비전 화면의 밝기를 적당하게 맞추었다는 내용이므로 '조절하다'의 '조절'이 알맞습니다. (2) 반장이 맡아서 해야 할 일이나 의무를 다하겠다고 다짐했다는 내용이므로 '책임'이 알맞습니다. (3) 두렵고 무서운 느낌을 들게 하는 영화를 보지 않는다는 내용이므로 '공포'가 알맞습니다.

4 ⓝ은 '의견', ⓛ은 '텃밭', ⓒ은 '설득하다', ⓡ은 '자신감'의 뜻입니다.

5 (1) '교실 문을 잘 닫고 다니자'는 효주의 생각이므로 '의견'이 알맞습니다. (2) 배우가 자신이 맡은 역할을 잘못되거나 부족한 것 없이 완전하게 연기해 사람들이 칭찬한 것이므로 '완벽하다'의 '완벽'이 알맞습니다. (3) 날마다 줄넘기 연습을 하면 줄넘기를 잘할 수 있다고 스스로 굳게 믿는 느낌이 생길 것이므로 '자신감'이 알맞습니다. (4) 주말에 여행을 가자는 말을 부모님께서 따르시도록 잘 설명했다는 내용이므로 '설득하다'의 '설득'이 알맞습니다.

1 (1) ★에 알맞은 글자는 '무'이고, ♠에 알맞은 글자는 '기'입니다. (2) ♣에 알맞은 글자는 '정'이고, ♥에 알맞은 글자는 '상'입니다.

2 지난 2학년 생활을 다시 생각해 본 것이므로 (2)의 뜻이 알맞습니다.

3 (1) 아무렇게나 벗어 놓은 신발들을 가지런하게 바로잡아 정리를 했다는 내용이므로 '정돈'이 알맞습니다. (2) 친구들과 눈싸움을 한 일을 오래도록 잊지 않을 것이라는 내용이므로 '기억'이 알맞습니다. (3) 발명 대회에서 뛰어난 성적을 거둔 사람들에게 상을 주는 의식에서 대상을 받게 되었다는 내용이므로 '시상식'이 알맞습니다.

5 '선배'는 같은 학교를 자기보다 먼저 입학한 사람을 뜻합니다. 그러므로 '선배'와 뜻이 반대되는 말은 같은 학교를 자기보다 나중에 입학한 사람을 뜻하는 '후배'입니다.

6 (1) 버스 정류장에서 버스가 오기를 바란 것이므로 '기다렸다'가 알맞습니다. (2) 동화책의 맨 앞과 맨 뒤를 둘러싼 종이의 앞쪽에 책 제목과 작가 이름이 쓰여 있으므로 '표지'가 알맞습니다. (3) 누나가 구구단을 잘 외울 수 있도록 격려해 준 것이므로 '응원하다'의 '응원'이 알맞습니다.

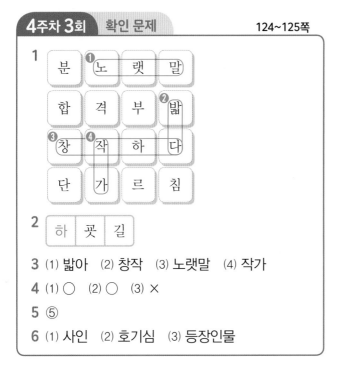

1

분	❶노	랫	말
합	격	부	❷밟
❸창	❹작	하	다
단	가	르	침

2 하 곳 길

3 (1) 밟아   (2) 창작   (3) 노랫말   (4) 작가

4 (1) ○   (2) ○   (3) ✕

5 ⑤

6 (1) 사인   (2) 호기심   (3) 등장인물

1 ❶의 뜻을 가진 낱말은 '노랫말', ❷의 뜻을 가진 낱말은 '밟다', ❸의 뜻을 가진 낱말은 '창작하다', ❹의 뜻을 가진 낱말은 '작가'입니다.

2 학생이 학교로 가는 길을 뜻하는 '등굣길'과 뜻이 반대되는 말은 공부를 끝내고 학교에서 집으로 돌아오는 길을 뜻하는 '하굣길'입니다.

3 (1) 발이 무척 아팠다고 했으므로 '밟아'가 알맞습니다. (2) 새로운 춤을 만들어 내는 데 열중하고 있다는 내용이므로 '창작하다'의 '창작'이 알맞습니다. (3) 노래를 외우는 상황이므로 '노랫말'이 알맞습니다. (4) 동화를 쓴다고 했으므로 '작가'가 알맞습니다.

4 (3) '호기심'은 새롭고 신기한 것을 좋아하거나 모르는 것을 알고 싶어 하는 마음을 뜻합니다. 괴로움이나 어려움을 참고 견디는 마음을 뜻하는 낱말은 '인내심'입니다.

5 많은 것 가운데 가장 뛰어나거나 첫째가는 것을 뜻하는 '으뜸'과 뜻이 비슷한 말은 '제일'입니다.

6 (1) 아빠께서 알림장의 내용을 확인했다는 뜻으로 하신 것은 '사인'이 알맞습니다. (2) 새로 나온 과자에 마음이 끌리고 어떤 맛일지 알고 싶어 과자를 산 것이므로 '호기심'이 알맞습니다. (3) 어머니, 오빠, 여동생, 호랑이 등은 동화 「해와 달이 된 오누이」에 나오는 인물들이므로 '등장인물'이 알맞습니다.

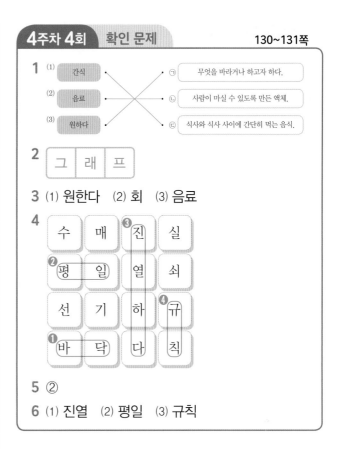

1 (1) 간식 — ㉢
   (2) 음료 — ㉡
   (3) 원하다 — ㉠

   ㉠ 무엇을 바라거나 하고자 하다.
   ㉡ 사람이 마실 수 있도록 만든 액체.
   ㉢ 식사와 식사 사이에 간단히 먹는 음식.

2 그 래 프

3 (1) 원한다   (2) 회   (3) 음료

4

수	매	❸진	실
❷평	일	열	쇠
선	기	하	❹규
❶바	닥	다	칙

5 ②

6 (1) 진열   (2) 평일   (3) 규칙

3 (1) 새 그네가 설치되기를 바라는 것이므로 '원한다'가 알맞습니다. '탓하다'는 다른 사람이나 상황 등을 핑계로 삼아 나무라거나 원망하는 것을 뜻합니다. (2) 만화 영화의 마지막 차례를 보았다는 내용이므로 '회'가 알맞습니다. '채'는 집이나 건물을 셀 때 사용하는 말입니다. (3) 물, 우유, 오렌지주스, 식혜 등은 사람이 마실 수 있도록 만든 액체이므로 '음료'가 알맞습니다. '연료'는 태워서 빛이나 열을 내거나 기계를 움직이는 에너지를 얻을 수 있는 물질을 뜻합니다.

4 ❶의 뜻을 가진 낱말은 '바닥', ❷의 뜻을 가진 낱말은 '평일', ❸의 뜻을 가진 낱말은 '진열하다', ❹의 뜻을 가진 낱말은 '규칙'입니다.

5 '늘어나다'는 "무게, 수 등이 원래보다 커지거나 길어지거나 많아지다."라는 뜻입니다. 그러므로 '늘어나다'와 뜻이 반대되는 말은 "무게, 수 등이 원래보다 작아지거나 짧아지거나 적어지다."라는 뜻을 가진 '줄어들다'입니다.

6 (1) 빵을 종류에 따라 늘어놓았다는 내용이므로 '진열하다'의 '진열'이 알맞습니다. (2) 토요일과 일요일이 아닌 날에 외식을 하자고 했다는 내용이므로 '평일'이 알맞습니다. (3) 도서관 벽에 네 가지 모양이 차례대로 나타난다는 내용이므로 '규칙'이 알맞습니다.

4
주차

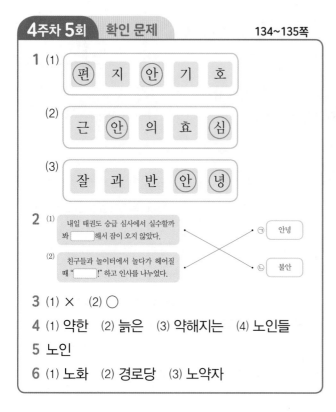

1 (1) 편 지 **안** 기 호

(2) 근 **안** 의 효 **심**

(3) 잘 과 반 **안** 녕

2 (1) 내일 태권도 승급 심사에서 실수할까 봐 □□해서 잠이 오지 않았다. ─ ㉠ 안녕

(2) 친구들과 놀이터에서 놀다가 헤어질 때 "□□!" 하고 인사를 나누었다. ─ ㉡ 불안

3 (1) × (2) ○

4 (1) 약한 (2) 늙은 (3) 약해지는 (4) 노인들

5 노인

6 (1) 노화 (2) 경로당 (3) 노약자

1 (1) 몸이나 마음이 편하고 좋은 것을 '편안'이라고 합니다. (2) 걱정 없이 마음을 편히 가지는 것을 '안심'이라고 합니다. (3) 친구 또는 아랫사람과 서로 만나거나 헤어질 때 하는 인사말은 '안녕'입니다.

2 (1) 실수할까 봐 마음이 편하지 않아 잠이 오지 않은 것이므로 '불안'이 알맞습니다. (2) 친구들과 헤어질 때 인사를 나눈 것이므로 '안녕'이 알맞습니다.

3 (1) 주사를 맞을 때 아플 것 같아 병원에 가고 싶지 않은 것은 마음을 편히 가진 상황이 아니므로 '안심'이 알맞게 쓰이지 않았습니다. (2) 집을 나간 개가 무사히 집에 돌아온 뒤에야 마음을 편히 가지고 잠이 든 상황이므로 '안심'이 알맞게 쓰였습니다.

5 '65세가 넘는'으로 보아, 나이가 들어 늙은 사람을 뜻하는 '노인'이 알맞습니다. '아이'는 나이가 어린 사람을, '젊은이'는 나이가 젊은 사람을 뜻합니다.

6 (1) 사람이 나이가 들면서 나타나는 현상이라고 했으므로 '노화'가 알맞습니다. (2) 할아버지들과 할머니들께서 모여 쉬실 수 있는 곳은 '경로당'이 알맞습니다. (3) 할아버지, 할머니, 어린이, 몸이 아픈 사람은 늙거나 약한 사람이므로 '노약자'가 알맞습니다.

1 ⑤　　**2** 늘어놓다　**3** 먼저
4 만들어 내는　　**5** 시상식
6 자신감　**7** ③　**8** (2) ○　**9** ㉢
10 ㉡　**11** ㉠　**12** 간식
13 으뜸　**14** 정돈　**15** 텃밭

1 ⑤ '늘어나다'는 무게, 수 등이 원래보다 커지거나 길어지거나 많아지는 것을 뜻합니다. 무게, 수 등이 원래보다 작아지거나 짧아지거나 적어지는 것을 뜻하는 낱말은 '줄어들다'입니다.

2 '진열하다'는 여러 사람에게 보이기 위해 물건을 늘어놓는 것을 뜻합니다. '포장하다'는 물건을 싸거나 꾸리는 것을 뜻합니다.

4 '작가'는 시, 동화, 사진, 그림, 조각 등의 예술 작품을 만들어 내는 사람을 뜻합니다.

5 훌륭하거나 잘한 일을 칭찬하는 상을 주는 의식을 뜻하는 낱말은 '시상식'입니다.

6 어떤 일을 해낼 수 있다거나 어떤 일이 꼭 그렇게 될 것이라고 스스로 굳게 믿는 느낌을 뜻하는 낱말은 '자신감'입니다.

7 '안심'은 걱정 없이 마음을 편히 가짐을 뜻합니다. 그러므로 어떤 일이 잘되어 마음을 놓음을 뜻하는 '안도'와 뜻이 비슷해서 서로 바꾸어 쓸 수 있습니다.

8 동화책에 작가가 직접 자신의 이름을 적은 문자가 있었다는 내용이므로 (2)의 뜻이 알맞습니다.

9 재료를 써서 만든 물건을 뜻하는 '제품'이 알맞습니다.

10 어떤 공간에서 아래쪽의 평평한 부분을 뜻하는 '바닥'이 알맞습니다.

11 어떤 사실이나 사람을 믿는 마음을 뜻하는 '믿음'이 알맞습니다.

12 점심과 저녁 사이에 떡볶이를 먹은 것이므로 '간식'이 알맞습니다.

13 많은 것 가운데 가장 뛰어나거나 첫째가는 것을 뜻하는 '으뜸'이 알맞습니다.

14 어지럽게 흩어진 것을 가지런히 바로잡아 정리함을 뜻하는 '정돈'이 알맞습니다.

15 집의 울타리 안에 있거나 집 가까이 있는 밭을 뜻하는 '텃밭'이 알맞습니다.

EBS

초등
어휘가
문해력
이!다

정답과 해설

3주차 어휘 학습 점검

3주차에서 학습한 어휘를 잘 알고 있는지 ✔ 해 보고,
잘 모르는 어휘는 해당 쪽으로 가서 다시 한번 확인해 보세요.

어휘 학습 점검

4주차

4주차에서 학습한 어휘를 잘 알고 있는지 ☑ 해 보고,
잘 모르는 어휘는 해당 쪽으로 가서 다시 한번 확인해 보세요.

초등 2학년 2학기

초등 2학년 2학기
학습 확인 붙임딱지

| 1회 끝! 붙임딱지 | 2회 끝! 붙임딱지 | 3회 끝! 붙임딱지 | 4회 끝! 붙임딱지 | 5회 끝! 붙임딱지 |

🦊 회마다 학습을 끝내고 붙임딱지를 골라 본문 토끼 그림에 붙여 보세요!

스스로 문제를 다 풀어서
자신감이 생겼어요.

참 잘했어요!   훌륭해요!

문제를 해결하려고
최선을 다했어요.

뿌듯해요!   칭찬해요!

틀린 문제가 많아도
어휘 공부가 재미있어요.

신나요!   잘할 수 있어요!

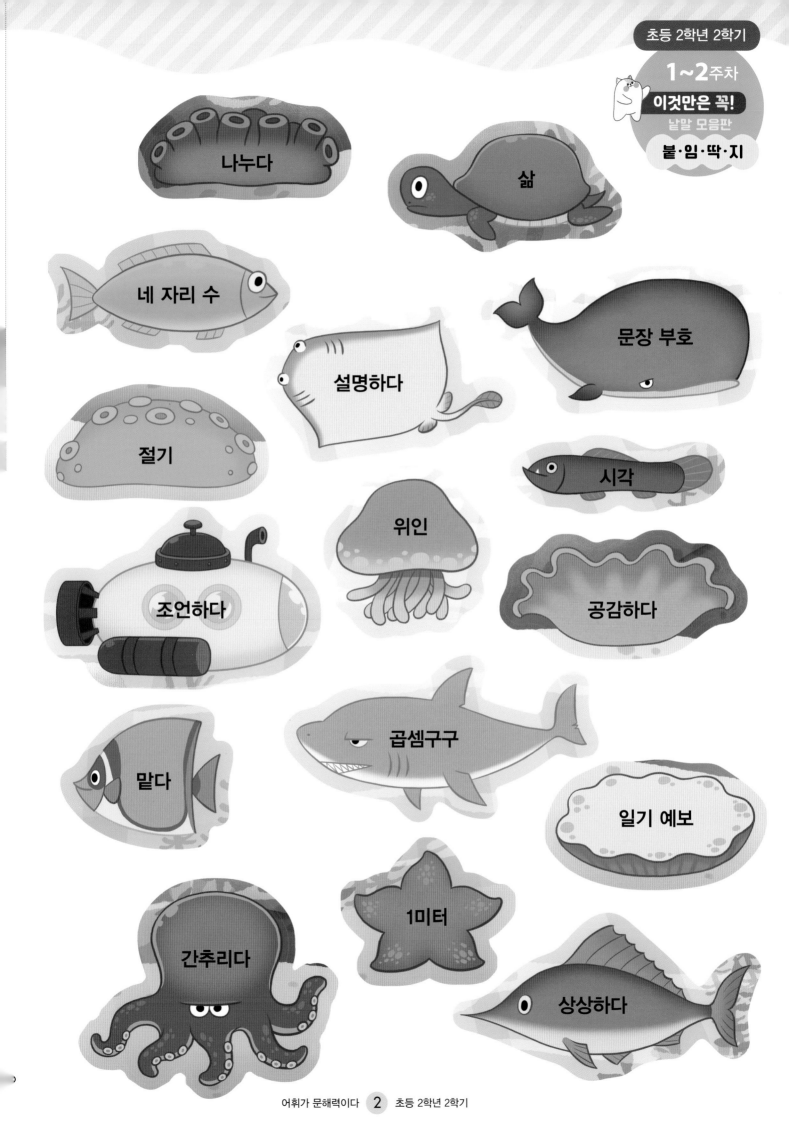

나누다

삶

네 자리 수

문장 부호

설명하다

절기

시각

조언하다

위인

공감하다

맡다

곱셈구구

일기 예보

간추리다

1미터

상상하다

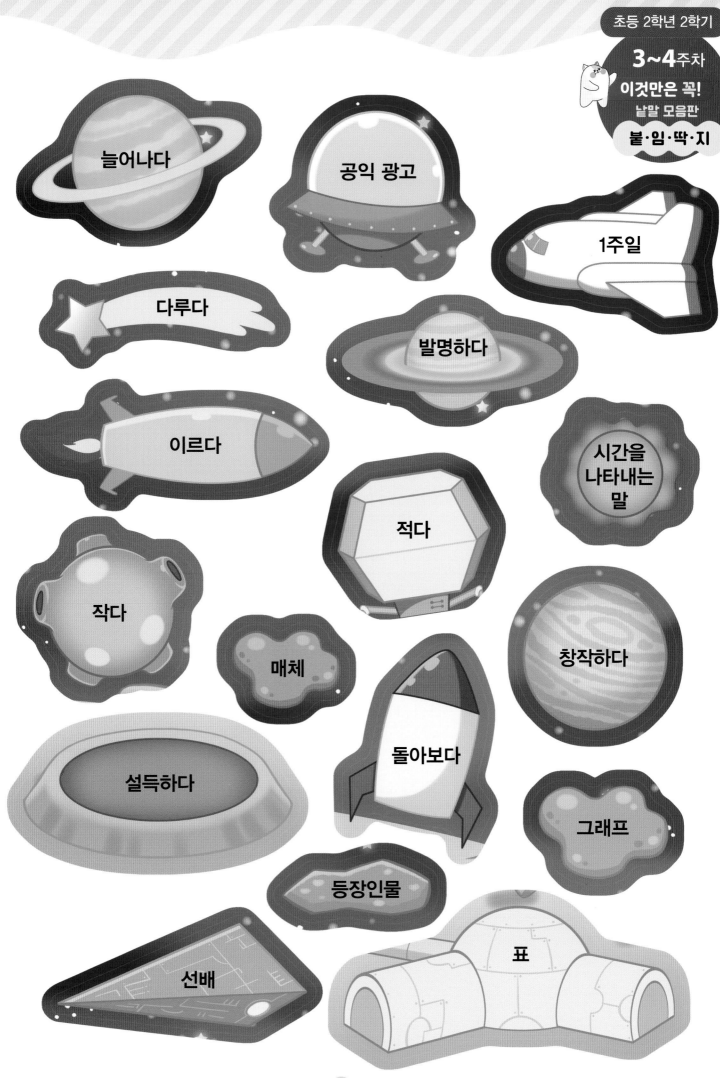

늘어나다

공익 광고

1주일

다루다

발명하다

이르다

시간을 나타내는 말

적다

작다

매체

창작하다

설득하다

돌아보다

그래프

등장인물

선배

표

1~2주차
이것만은 꼭!
낱·말·모·음·판

뜻에 알맞은 낱말 붙임딱지를 붙여 바닷속을 꾸며 보세요.

뛰어나고 훌륭한 사람.

문장의 뜻을 잘 나타내기 위해 쓰는 여러 가지 부호.

어떤 것을 상대편이 잘 알 수 있도록 밝혀 말하다.

시간의 어느 한 때.

다른 사람에게 어려움이 있을 때 말로 해결 방법을 알려 주어서 돕다.

1에서 9까지의 수를 두 수끼리 서로 곱해 그 값을 나타낸 것.

실제로 없는 것이나 경치 않은 것을 마릿속에 떠올리다.

글이나 말에서 중요한 점만 골라 간단하게 정리하다.

코로 냄새를 느끼다.

천의 자리까지 있는 수.

100cm와 같은 길이.

사는 일. 또는 살아 있음.

말, 이야기, 인사 등을 주고받다.

다른 사람의 마음이나 생각에 대해 자기도 그렇다고 느끼다.

앞으로의 날씨를 미리 짐작해 알리는 일.

일 년을 스물넷으로 나눈 계절의 구분.

정답은 뒷면을 확인하세요.

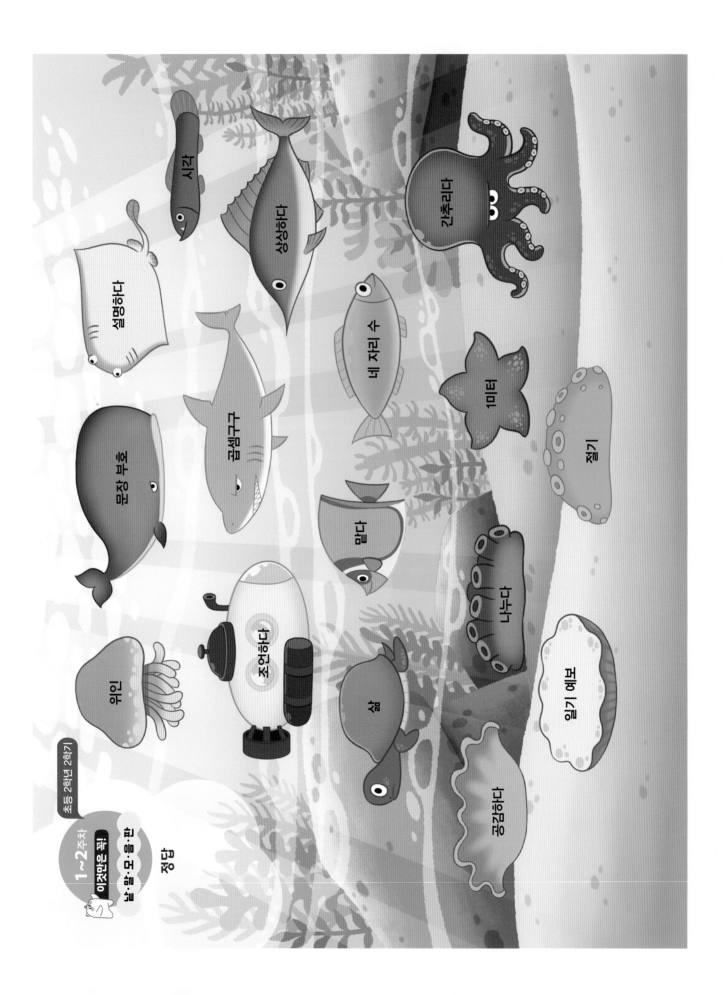

3~4주차
이것만은 꼭!
뜻·말·모·음·판

똑에 알맞은 낱말 붙임딱지를 붙여 우주를 꾸며 보세요.

어떤 일이 일어난 때를 나타내는 말.

동화, 역극, 영화 등에 나오는 인물.

무게, 수 등이 원래보다 커지거나 길어지지 않다.

기계나 기구를 사용하다.

나라와 국민 전체의 이익을 위해 만든 광고.

수, 양 등이 일정한 기준에 미치지 못하다.

어떤 사실을 널리 전달하는 도구.

걷은 학교를 자기보다 먼저 입학한 사람.

기준이 되는 때보다 앞서거나 빠르다.

전에 없던 것을 새로 생각해 만들어 내다.

자료를 모아 책, 막대 등으로 나타낸 것.

처음 일요일부터 일요일까지의 7일간. 또는 7일.

어떤 내용을 일정한 모양과 순서에 따라 보기 쉽게 나타낸 것.

길이, 넓이 등이 비교하는 것이나 보통보다 짧다.

새로운 예술 작품을 처음으로 만들어 내다.

상대방이 내 이야기를 따르도록 잘 설명하거나 타이르다.

지난 일을 다시 생각해 보다.

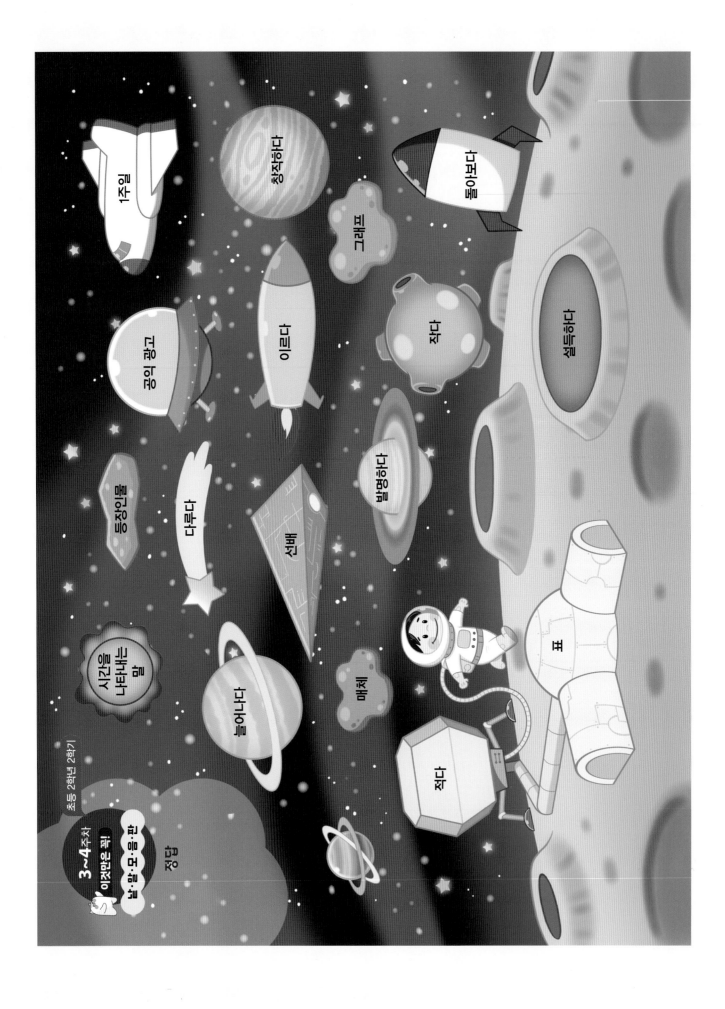